Mindfulness ist beliebter denn je. Doch so groß die anfängliche Begeisterung für Meditationen, Atem- und Yogaübungen häufig auch ist, so schwierig ist es für viele, im Alltag bei der Stange zu bleiben. Ihnen hilft dieses Buch. Mindfulness-Trainerin Kate Carne erklärt, wie man die Motivation lebendig hält, wie man die vielen Fallstricke des Alltags umgeht, wie man Widerstände überwindet und wie man sich Unterstützung holt. Der unverzichtbare Begleiter für alle, die sich nach körperlicher und geistiger Gesundheit sehnen und Mindfulness dauerhaft in ihr Leben integrieren wollen.

Kate Carne entdeckte 1975 die Meditation. Eher zufällig fand sie heraus, dass sie dadurch aus ihrer Depression herausgeholt wurde. Sie studierte viele Jahre lang bei dem Zenmeister Hogen Daido Yamahata, sowohl in Großbritannien als auch in Japan, sowie bei Jon Kabat-Zinn und Thich Nhat Hanh. Sie hat einen Masterabschluss in «Mindfulness» und unterrichtet seit 2004 in Oxford Achtsamkeit. In dieser Zeit hat sie bereits über 50 Kurse gegeben. Außerdem war sie für den Prison Phoenix Trust tätig und lehrte in Gefängnissen in ganz Großbritannien Yoga und Meditation.

Kate Carne

 *Die sieben Geheimnisse der Achtsamkeit*

Wie Mindfulness im
hektischen Alltag gelingt

Aus dem Englischen von
Renate Graßtat

Rowohlt Taschenbuch Verlag

Deutsche Erstausgabe
Veröffentlicht im Rowohlt Taschenbuch Verlag,
Reinbek bei Hamburg, September 2017
Copyright © 2017 by Rowohlt Verlag GmbH, Reinbek bei Hamburg
Die englische Originalausgabe erschien 2016 bei Rider, an imprint of
Ebury Publishing, a part of the Penguin Random House Group,
unter dem Titel «Seven Secrets of Mindfulness»
Copyright © 2016 by Kate Carne
Redaktion Bernd Jost
Umschlaggestaltung ZERO Media GmbH, München
Umschlagabbildung FinePic®, München
Satz aus der Stone PostScript bei
Pinkuin Satz und Datentechnik, Berlin
Druck und Bindung CPI books GmbH, Leck, Germany
ISBN 978 3 499 63224 2

*Für alle, die den Wunsch verspüren,
ihren inneren Pfad zu entdecken,
auf dass ihre Übungen zum Wohle
aller Geschöpfe und dieser kostbaren Erde
überallhin ausstrahlen mögen.*

Inhalt

Einführung

Das erste Geheimnis: Das innere Feuer entfachen
 1. Das Feuer anmachen 21
 2. Die Hitze spüren 25
 3. Das Brennmaterial zusammensuchen 30
 4. Dem Feuer Leben einhauchen 40

Das zweite Geheimnis: Die Hindernisse abstecken
 5. Sich mit den Hindernissen vertraut machen 47
 6. Physische Hindernisse 49
 7. Fixierungen und Wünsche 62
 8. Abneigung 73
 9. Depression 85
 10. Hinderliche Einstellungen 95

Das dritte Geheimnis: Die Wurzeln des Widerstands verstehen
 11. Mit Widerständen arbeiten: der erste Schlüssel 101
 12. Mit Widerständen arbeiten: der zweite Schlüssel 105

Das vierte Geheimnis: Das Verstehen der Übungspraxis
 13. Drei wichtige Dinge 113
 14. Anstrengung und Leichtigkeit 119
 15. Der Werkzeugkoffer 133

16. Über das Atmen 169
17. Was passiert im Kopf? 179

Das fünfte Geheimnis: Verstehen, wie lebensnotwendig Unterstützung ist
18. Die Unterstützung finden, die wir brauchen 187

Das sechste Geheimnis: Überall den Weg sehen
19. Wegweiser 201

Das siebte Geheimnis: Durch das Drachentor gehen
20. Das Drachentor 223
21. Nach-Geschichte (in einer Geschichte) 227

Anmerkungen 233
Weiterführende Literatur 236
Dank 237

Niemals bereuen wir die Zeit,
die wir mit den Übungen verbringen.
Neville Dowley

Einführung

Achtsamkeitsübungen sind etwas Wunderbares. Wenn Sie dies lesen, haben Sie vielleicht schon einmal den Raum erfahren, der sich auftut, wenn Ihr Bewusstsein sich nur auf diesen Moment konzentriert. Wenn wir uns darauf einlassen, aufmerksam zu sein, entdecken wir eine neue Welt. Empfindungen, Gedanken, Gefühle, Geräusche – all dies zeigt uns, dass unser Erleben voller Fülle ist, einzigartig und in ständiger Veränderung. Wenn wir aufmerksam sind, wächst unsere Neugier, und Neugier hilft dabei, uns von Wertungen zu befreien. Ein offener Geist bedeutet, dass wir nicht mehr den Drang verspüren, voreilige Schlüsse zu ziehen. Stattdessen wird uns bewusst, dass wir die Freiheit haben zu entscheiden, wie wir reagieren, was wir sagen und selbst, aus welcher Perspektive wir eine Situation betrachten wollen. Der Weg der Aufmerksamkeit schenkt uns eine höhere Wertschätzung des Lebens, mehr Glück, weniger Leid und sogar einen besseren Schlaf. Und so stellt sich die Frage, wie sie ein Kursteilnehmer formulierte: *«Ich weiß doch, wie hilfreich Achtsamkeitsübungen für mich sind – warum fällt es mir dann so schwer, sie zu praktizieren?»*

Dieser Frage will dieses Buch nachgehen.

Jeder, der versucht, Meditationsübungen zu machen, hat schon einmal erlebt, dass dabei Widerstände auftreten. Der Schlüssel hierzu liegt in dem Wort «Übungen»: Achtsamkeit hat noch niemand wirklich verstanden oder Nutzen daraus gezogen, indem er einfach nur ein Buch gelesen oder einen Vortrag zum Thema gehört hat. Achtsamkeit ist Übung. Dieser Punkt wird sehr schön in einem Interview mit Jon Kabat-Zinn veranschaulicht, der in den späten siebziger Jahren als Erster am Medical Centre der Universität Massachusetts ein Programm zur Stressreduktion entwickelte, das auf Achtsamkeit beruht. Er wurde gefragt, ob Achtsamkeit einfach nur eine Art «Erste Hilfe» sein könne – anders gesagt, etwas, das wir nur dann nutzen, wenn wir es gerade dringend brauchen. Kabat-Zinn erwiderte:

«Achtsamkeit ist auf keinen Fall ein Erste-Hilfe-Programm. Meditation ist so etwas wie das Weben eines Fallschirms. Man will ja nicht anfangen, den Fallschirm zu weben, wenn man kurz davor ist, aus dem Flugzeug zu springen. Man sollte den Fallschirm schon morgens, mittags und abends gewebt haben, Tag für Tag, dann wird er einen auch halten, wenn man ihn braucht. Und so müssen wir Meditation jeden Tag üben – jeden Tag etwas Zeit erübrigen, die einfach nur Zeit für uns selbst ist.»[1]

Wer heutzutage zu einem Kurs in Sachen Achtsamkeit geht, ist sich darüber im Klaren, dass Übung dazugehört. Tatsächlich ist es häufig so, dass man den Kurs erst besucht, nachdem man versucht hat, Achtsamkeit aus einem Buch zu lernen. Vielleicht hat man sich sogar die CD angehört, die vielen Büchern über Achtsamkeit beiliegt – doch die meisten Leute berichten folgende Erfahrung: «Ich habe versucht, die Übungen allein zu machen, aber es war schwierig.»

Wenn Sie jemals in der glücklichen Lage waren, an einem Achtsamkeitskurs teilzunehmen, haben Sie wahrscheinlich entdeckt, dass Ihnen die Übungen in dieser Situation leichter fallen. Wenn uns eine reale Person durch die Meditation führt, erhöht das unsere Konzentration, wie es keine CD vermag. Das Üben mit anderen Menschen, die sich ebenfalls um konzentrierte Aufmerksamkeit bemühen, schafft eine unterstützende Umgebung und das Gefühl einer gemeinsamen Erfahrung. Das Üben allein zu Hause bleibt dann immer noch eine Herausforderung, aber die meisten Teilnehmer beginnen mit guten Vorsätzen. Manche sind sofort voller Eifer und sehr diszipliniert, doch andere stoßen, sobald sie an die Übungen denken, auf eine Blockade. Diese kann unterschiedlich aussehen: Es gibt äußere Hindernisse wie etwa Termindruck, Krankheit, Urlaub oder den Hund, der einem ständig das Gesicht ableckt, sobald man sich zum Üben auf den Boden legt. Und dann sind da noch die inneren Hindernisse: Langeweile, Unruhe, Zweifel, Erschöpfung und oft auch einfach das Gefühl, es gäbe andere, wichtigere Dinge zu tun. Einige finden einen Weg, ihre Blockaden zu überwinden, andere nicht. Diejenigen, die es nicht schaffen, werden sich durch den Rest des Kurses schleppen, ein schlechtes Gewissen haben und Achtsamkeit auf jene Liste setzen, auf der bereits nicht durchgehaltene Diäten und sportliche Aktivitäten stehen, die ihr Leben verändert hätten, wenn sie nur dabeigeblieben wären.

Hindernisse beim Üben sind nichts Neues. Schon vor mehr als zweitausend Jahren verfasste man zu diesem Thema Anleitungen für buddhistische Mönche. Diese Hindernisse wurden «Hemmnisse» genannt, und es hieß, dass die Mönche, solange diese Hemmnisse nicht überwunden waren, «schuldbeladen, leidend, gefangen, versklavt und verloren in der Wildnis»[2] seien. Mit Sicherheit kein erstrebenswerter Zustand! Die fünf Hindernisse, vor denen man sie warnte, waren:

- sinnliches Verlangen,
- übler Wille,
- Faulheit und Lethargie,
- Gewissensbisse und Rastlosigkeit,
- Zweifel.

Gegen jedes dieser Leiden wurden Mittel verschrieben. Zum Beispiel hatte ein Mönch die Möglichkeit, sinnliches Verlangen nach einer schönen jungen Frau zu überwinden, indem er sich ihren toten, verwesenden Körper vorstellte. Eine Art, die Trägheit loszuwerden, bestand darin, übermäßiges Essen zu vermeiden. Und Böswilligkeit kann nach diesen Lehren durch Liebende-Güte-Meditation transformiert werden.

Es ist eine sehr gut durchdachte Liste von Hemmnissen, mit praktischen Vorschlägen zu ihrer Überwindung. Als ich jedoch 2004 begann, Achtsamkeit zu lehren, und gedanklich versuchte, die Probleme der Teilnehmer in Beziehung zu diesen alten Lehren zu setzen, schien sich eine große Kluft aufzutun. Das liegt zum Teil daran, dass sowohl die Hemmnisse als auch die Mittel zu ihrer Überwindung für Menschen galten, die in einer Klostergemeinschaft lebten.

Die Teilnehmer in modernen Achtsamkeitskursen sind keine Mönche, deshalb ist ihre Orientierung eine andere. Ein weiterer Grund für die Kluft ist, dass unser modernes Dilemma unter anderem in Erwartungen und Ablenkungen (wie etwa unseren Smartphones) besteht, von denen sich vor 2500 Jahren niemand auch nur hätte träumen lassen. Zur Unterstützung der Achtsamkeitspraxis im 21. Jahrhundert schien daher eine neue Betrachtungsweise von Hemmnissen notwendig.

Über die Jahre haben mir die Kursteilnehmer immer wieder deutlich gemacht, dass Hemmnisse, Hindernisse, Blockaden, Stolpersteine – wie auch immer man sie nennen will – das große Problem sind. Sie sind der Knoten, von dem alle wissen müssen, wie man ihn löst, wenn sie dabeibleiben wollen. Ohne Übungen gibt es keine Achtsamkeit. So interessant die traditionellen Texte über die Hemmnisse auch sein mögen: Die bescheidene Absicht dieses Buches ist es, ein Update zu liefern. Es geht nicht darum, das Rad neu zu erfinden – eher darum, ein paar neue Speichen hinzuzufügen. In diesem Buch werde ich mein Bestes tun, die Hindernisse offenzulegen, mit denen wir wahrscheinlich in unserem hektischen Alltag konfrontiert werden, und die Strategien aufzuzeigen, die wir zu ihrer Bewältigung nutzen können.

Aus der Perspektive der Achtsamkeit liegt das Geheimnis der Bewältigung der auftretenden Widerstände in ihrer genauen Untersuchung. Wir müssen ihr Ausmaß verstehen, ihren Zweck, ihre Struktur, ihre Wurzeln. Nur durch diese direkte Annäherung, durch das Vertrautsein mit ihnen – indem wir genau diese Untersuchung der Blockaden zu unserer Achtsamkeitsübung machen –, können wir darauf hoffen, dass der Kampf mit ihnen ein Ende findet und wir von ihnen nicht völlig überwältigt werden. Um ein amerikanisches Kinderlied zu zitieren:

> *Drüber können wir nicht.*
> *Drunter können wir nicht.*
> *O nein!*
> *Wir müssen mitten rein.*

Wenn Widerstände auftreten, müssen wir lernen, wie wir direkt in sie hinein- und durch sie hindurchgehen. Das Hindurchgehen kann nur dann auf effektive Art und Weise geschehen, wenn wir unseren Hindernissen ganz bewusst begegnen und uns mit ihnen anfreunden. Dieses Buch möchte deutlich machen, was das bedeutet und wie man es geschickt umsetzt. So haben wir die Möglichkeit, jeden mutigen Schritt auf diesem Weg bewusst zu gehen.

Es gibt eine Sache auf dieser Welt, die wir niemals vergessen dürfen. Wenn Sie alles andere vergessen, aber dieses eine nicht, gibt es keinen Grund zur Sorge.

Wenn Sie sich aber an alles andere erinnern, alles andere ausführen und beachten, aber diese eine vergessen sollten, dann hätten Sie im Grunde gar nichts getan.

Es ist, als hätte Sie ein König in ein Land geschickt, damit Sie eine einzige, ganz besondere Aufgabe ausführen. Sie gehen in das Land und vollbringen hundert andere Taten, nur nicht die Aufgabe, zu der Sie geschickt wurden; dann ist es, als hätten Sie überhaupt nichts vollbracht.

Wir sind also mit einer besonderen Aufgabe in diese Welt gekommen, und darin liegt der Zweck unseres Daseins. Wenn wir sie nicht ausführen, haben wir überhaupt nichts erreicht.

Rumi[3]

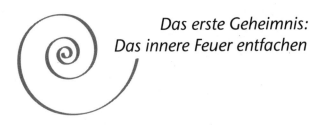

*Das erste Geheimnis:
Das innere Feuer entfachen*

1. Das Feuer anmachen

Heute ist die Hütte kalt. Meine Hände formen in dem kleinen Holzofen ein Bett aus zerknüllten Zeitungen, zerreißen Pappe, die sie obenauf legen, fügen einige Zweige hinzu und krönen das Arrangement mit zwei dickeren Ästen. Die Zeitung nimmt das Feuer des Streichholzes auf und leitet es an die Pappe weiter. Aber jetzt gibt es ein Problem. Die Zweige des Anmachholzes sind feucht – sie wurden zu schnell nach dem Regen eingesammelt. Sie haben diese Feuchtigkeit gespeichert und erliegen nicht der Hitze. Weil sie nicht Feuer fangen, tun es auch die zwei größeren Äste über ihnen nicht. Das Feuer geht aus ... Es ist so kalt, dass man den Atem sieht.

Eine Achtsamkeitsübung zu «entfachen», hat viel mit dem Anmachen eines Feuers zu tun. Ohne das jeweils richtige Element, zum richtigen Zeitpunkt und im richtigen Verhältnis, zündet sie nicht. Wenn Sie dieses Buch lesen, haben Sie sich vielleicht schon bemüht, mit Ihrer Übungspraxis voranzukommen, und wurden dann mit einem oder mehreren unüberwindbar erscheinenden Hindernissen konfrontiert. Obwohl Sie sich angestrengt haben, bleiben Sie nun entmutigt an einer kalten Feuerstelle zurück, mit dem Gefühl, dass entweder Achtsamkeit nicht die Art von Wundermittel ist, für das sie gehalten wird, oder dass Sie selbst unzulänglich sind und irgendwie versagt haben.

Um Feuer zu machen, braucht man drei Dinge: Brennmaterial, Hitze und Sauerstoff. Das Papier und das Holz mögen wunderbar arrangiert sein, aber ohne Streichhölzer gibt es keine Hitze, um das Feuer in Gang zu setzen. Oder wir haben vielleicht die Streichhölzer und trockene Holzscheite, aber kein Papier oder Anmachholz – egal, wie lange wir die Flamme an das Brennholz halten, ein kleines Streichholz wird es nicht entfachen. Oder wir haben alles, was wir brauchen, und zünden das Papier an, und dann schließen wir die Tür und den Abzug des Holzofens – aber ohne den zusätzlichen Luftzug geht das Feuer aus.

Je mehr Übung wir darin haben, ein Feuer anzuzünden, desto besser wissen wir, was nötig ist. Wir lernen, wie viel Zeitungspapier man braucht und welche Zweige sich gut als Anmachholz eignen. Wir können nach dem Gewicht eines Holzscheits beurteilen, ob er trocken genug zum Brennen ist. Wir können auf die Geräusche der Flammen lauschen und erkennen, ob die Luft ausreicht, oder das Knistern des Ofens hören und wissen, dass er gerade aufheizt.

Die Meditationspraxis erfordert die gleichen Elemente.

Hitze (Unbehagen)

Etwas Bestimmtes muss die Absicht entfachen, mit dieser neuen Praxis zu beginnen. Normalerweise entsteht die Hitze aus Leid. Etwas in unserem Leben bereitet uns Unbehagen – vielleicht haben wir körperliche Schmerzen oder leiden emotional, oder vielleicht stresst uns auch alles, was wir zu tun haben, und wir fühlen uns ausgelaugt. Wir müssen uns klar darüber sein, *warum wir die Übungen machen*, damit das Feuer hell brennen kann. Zu verstehen, warum ich üben will (nämlich wegen dieses Leidens), ist von entscheidender Bedeutung, denn ohne Klarheit über dieses Warum ist die Wahrscheinlichkeit hoch, dass wir wieder aufgeben. Das Unbehagen ist die Hitze, die unser Feuer entzündet und uns weiter antreibt.

Brennmaterial (Achtsamkeitsübungen)

Der Holzofen braucht Holz – das ist der Stoff, der das Feuer in Gang hält, wovon es genährt wird. Bei Achtsamkeitsübungen besteht der Brennstoff, den wir nutzen, aus den spezifischen Übungen, die wir lernen: den Körper scannen, Sitz-Meditation, Freundlichkeit, Atemraum usw. (s. hierzu auch Seite 119 ff.). Wenn man die falschen Übungen auswählt, ist das ein bisschen wie feuchtes Brennholz – das Feuer erlischt. Zu wissen, welche Übung zu welchem Zeitpunkt am besten passt, braucht einiges an Training – wie beim Feuermachen. Wenn beim ersten Mal das Feuer ausgeht, ist es wichtig, mit einem anderen Material von neuem zu beginnen.

Sauerstoff (Motivation)

Die Menge an Sauerstoff, die wir einem Feuer zuführen, entscheidet darüber, ob es brennt oder erlischt. Und wenn das Feuer erst einmal in Gang gesetzt ist, bestimmt die Kontrolle des Luftzugs, in welchem Maße das Holz brennt. In der Achtsamkeitspraxis ist der Sauerstoff, der unserer Meditation Leben einhaucht, unsere Ausrichtung auf ein Ziel, unser Wille, unsere Hingabe. Wir haben eingesehen, dass wir unser Leben ändern müssen, um unser Leiden zu verringern. Aber dieses intellektuelle Verständnis allein genügt nicht. Wir müssen unsere Energie bündeln und unseren Willen und unsere Entschlossenheit darauf richten, uns die Zeit, den Raum und die Aufmerksamkeit zu nehmen, die wir brauchen, um wirklich üben zu können. An dieser Stelle ist die Ausrichtung auf ein Ziel entscheidend. Unsere Einsicht und unser Wille müssen zusammenwirken. Solange es uns an Entschlossenheit mangelt, werden unsere Übungen im Sande verlaufen, wie ein Feuer, dem der Sauerstoff fehlt. Eine klare und auf ein Ziel gerichtete Motivation aufrechtzuerhalten, ist der Schlüssel, der uns mit den Übungen beginnen lässt und uns in die Lage versetzt, alles zu bewältigen, ganz gleich, welche Hindernisse uns auf unserem Weg begegnen.

2. Die Hitze spüren

Noch ein Nest aus Papier und Pappe bauen. Auf dem Boden des Korbes mit den Holzscheiten sind ein paar trockene Zweige. Dieses Mal wird mit dem Blasebalg zusätzlicher Sauerstoff hineingeblasen, und die ersten Flammen werden größer und stärker. Und nun das knisternde Geräusch – ein Zeichen, dass die Zweige die Hitze angenommen haben. Noch ein Stoß aus dem Blasebalg, und das Feuer brennt.

Es ist schwer, Leid zu akzeptieren. Niemand will es, aber niemand ist davor gefeit. Wir verwenden einen großen Teil unserer Zeit und unserer Energie darauf, Leiden aus unserem Leben fernzuhalten, aber am Ende ist es immer da. Der Mensch hat erstaunliche Dinge vollbracht, aufgebaut, geschaffen, erdacht und erträumt, und doch haben wir noch keinen Weg gefunden, um Schmerz und Unzufriedenheit zu überwinden. Im Grunde verstärkt unser angestrengtes Denken darüber, wie wir den Status quo verbessern könnten, eher das Gefühl, dass die Dinge so, wie sie sind, nicht genügen – und dass auch wir nicht genügen –, was wiederum unser Leiden verstärkt. Nehmen wir hierzu noch die Anfälligkeit des menschlichen Körpers, der gesundheitlichen Problemen, dem Alter und dem Tod unterworfen ist, dann wird klar, dass niemand von uns Schmerz oder Leiden vermeiden kann.

Wenn Sie dies lesen, ist die Unvermeidbarkeit von Leiden wahrscheinlich das Letzte, was Sie hören wollen. Wenn Sie sich für Achtsamkeit interessieren, liegt der Grund hierfür wohl eher in dem Wunsch, Schmerz zu lindern und Stress zu reduzieren: Anders gesagt, Sie möchten Achtsamkeit vielleicht als Instrument nutzen, um sich vom Leiden zu befreien.

Bei dieser Suche befinden wir uns in guter Gesellschaft: Vor 2500 Jahren beschloss ein junger Mann, als er zum ersten Mal mit jemandem konfrontiert wurde, der alt war, jemandem, der krank war, und jemandem, der gerade gestorben war, dass er einen Weg finden müsse, das menschliche Elend zu überwinden. Er verbrachte Jahre damit, verschiedene Lehrer aufzusuchen und verschiedene Techniken auszuprobieren, doch nichts, was er dabei entdeckte, beantwortete seine Frage nach einem Weg, das Leiden zu überwinden. Schließlich ließ er alles hinter sich und zog allein los. Ein Mädchen aus der Umgebung brachte ihm ein bisschen Reis zum Essen, den er dankbar annahm. Als seine asketischen Ordensbrüder dies hörten, verurteilten sie ihn als schwach und hielten ihn nicht länger für einen würdigen Freund.

Der junge Mann beschloss, unter dem Baum zu sitzen, bis er das schreckliche Problem des menschlichen Leids gelöst hätte. Das mag ein wenig merkwürdig klingen – wenn wir uns um andere Menschen Sorgen machen, sollten wir dann nicht besser etwas tun? Doch dem jungen Mann war bewusst, dass er mit dem Verstehen beginnen musste. Er wusste, ohne das Warum zu verstehen, würde er nicht das Wie enthüllen können: Wie kann man Leiden überwinden?

Vielleicht wissen Sie jetzt schon, dass dies die Geschichte Buddhas ist. Buddha heißt «jemand, der wach ist». Er war kein Gott in irgendeiner Form, und er sprach auch nicht von Gott. Er war ein Mensch, genauso wie Sie und ich.

Diesem jungen Mann wurde eines Morgens Folgendes klar:

- Es gibt Leiden auf der Welt.
- Es gibt Gründe für dieses Leiden (Begehren, Abneigung, Unwissenheit).
- Es gibt einen Weg aus dem Leiden.

Der Weg aus dem Leiden besteht darin, einem Weg im Leben zu folgen, den er als achtfachen Pfad bezeichnete, zu dem die rechte Erkenntnis, die rechte Gesinnung, die rechte Rede, das rechte Handeln, rechte Sammlung, rechte Achtsamkeit und ein rechter Lebenswandel gehören.[1]

Ganz einfach, oder? Wenn Achtsamkeit heutzutage auch in einem nicht spirituellen Kontext und in einigen ganz praktischen Techniken gelehrt wird, so ist es doch hilfreich, ihre Wurzeln anzusehen: ein junger Mann vor vielen hundert Jahren in Nordindien, der unser aller Leiden verstehen und lindern wollte.

Unsere eigene Reise verläuft im Wesentlichen nicht viel anders. Wir finden uns inmitten eines Lebens wieder, das manchmal schwierig ist und sich oft unserer Kontrolle entzieht. Wir wissen, dass wir einen besseren Weg finden müssen, die Herausforderungen zu meistern, aber alle Methoden, die wir vielleicht schon ausprobiert haben, scheinen uns nur vorübergehende Erleichterung oder Ablenkung zu verschaffen. Dann lesen wir einen Artikel oder hören etwas im Radio über diese Achtsamkeit. Wir wissen, sie wird Zeit und Anstrengungen erfordern. Natürlich zögern wir. Dieses Zögern ist sinnvoll – wir denken darüber nach, aber sind noch nicht bereit, eine Verpflichtung einzugehen. An irgendeinem Punkt überwiegt dann aber die Verzweiflung; wir sind so deprimiert, so verängstigt oder so voller Schmerz, dass wir wissen, wir müssen einen anderen Weg zu leben finden. Unsere Verzweiflung ist der Schlüssel, der die Veränderung ermöglicht. Unser Leiden gibt uns die Erlaubnis, von dem loszulassen, was uns nicht guttut; unser Leiden bringt uns dazu, unsere Lebensweise ändern zu wollen. Ohne Leid gäbe es kein Feuer und keine Befreiung, wie diese Geschichte von Lucy, die einen Achtsamkeitskurs besuchte, zeigt:

Vor einigen Jahren wurde bei mir Krebs diagnostiziert. Am Tag davor hetzte ich noch von der Arbeit, um meine Kinder abzuholen, und überlegte, was ich ihnen zum Abendessen vorsetzen könnte, und am nächsten Tag war ich mit meinem eigenen Tod konfrontiert. Es war, als würde ich schlafwandeln, und plötzlich musste ich aufwachen. Ich wusste nicht, wie lange ich noch zu leben hätte. Ich wusste nicht, wie lange meine Kinder noch eine Mutter haben würden – das war das Schlimmste. Normalerweise bin ich eine gute Planerin, stelle sicher, dass alles gut läuft, und da stand ich nun vor der Tatsache, dass ich nichts unter Kontrolle hatte. Ich machte all die Behandlungen mit, stellte meine Ernährung um und arbeitete weniger – und mir wurde nach und nach klar, dass der Krebs nicht nur bedeutete, dass ich diese Veränderungen machen musste, sondern ich sie auch wirklich machen *wollte*. Zum ersten Mal wollte ich nicht gehetzt sein. Wohin sollte ich schließlich auch hetzen – hin zu dem Tag, an dem ich nicht mehr da sein würde? Ein Freund schlug mir Achtsamkeit vor, deshalb ging ich zu einem Kurs und lernte zu meditieren. Für diese kurze Zeit an jedem Tag schaffte ich es, nicht an die Zukunft zu denken. Ich stellte sogar fest, dass ich die Gegenwart genießen konnte, selbst wenn es so aussah, als ob nichts passieren würde. Ich ließ eine Menge los. Ich begann, meinen Kindern genauer zuzuhören, mit ihnen mehr Zeit zu verbringen – weil mir klarwurde, wie wertvoll das war. Natürlich werde ich immer noch müde und sauer und besorgt, aber ich habe auch gelernt, präsent zu sein und dieses Leben, das ich bekommen habe, wirklich wertzuschätzen. Wenn ich jetzt auf alles zurückblicke, denke ich manchmal, dass der Krebs mein Leben eigentlich verbessert hat.[*]

Lucys Erfahrungen sind eine Lektion für uns alle. Meistens lassen wir die Dinge nicht los, bis wir dazu gezwungen werden. Dabei können wir beim Loslassen einen viel weiteren Raum erfahren, eine größere Freiheit und die Möglichkeit, wirklich lebendig zu sein.

[*] Zur Zeit dieser Niederschrift geht es Lucy gut.

3. Das Brennmaterial zusammensuchen

Durch die nackten Zweige der Weide scheint schwach das Sonnenlicht. Heute komme ich mit einer Axt zu dem Holzstapel. Manche dicken Stämme fügen sich der Klinge leichter als andere – ich suche mir diejenigen heraus, die sich für ihre Größe leicht anfühlen. Beim Zerkleinern muss man nicht denken, nur hinsehen: auf den Punkt am dünnen Ende des Holzstücks, wo die Axt landen muss. Mit jedem Schwung hat man ein wenig mehr Zutrauen, und ein gelungener Schlag haut ein Stück in zwei Teile. Blasses Baumfleisch, das niemals das Tageslicht erblickt hat, wird plötzlich sichtbar. Bald gibt es einen großen Korb voller Brennholz: einen vollkommenen Schatz.

Wenn Sie bereits an einem Achtsamkeitskurs teilgenommen haben, kennen Sie das grundlegende Prinzip: Regelmäßige Übungen müssen in den Alltag integriert werden. Diese Vorgehensweise ist von tiefer Weisheit. Es ist relativ einfach, sich in ein Retreat zurückzuziehen, von der Meditationspraxis hellauf begeistert zu sein und dann alles das fallenzulassen, sobald wir wieder in unserem hektischen Alltag sind. Einer der größten Vorzüge eines allwöchentlich stattfindenden Kurses liegt darin, dass wir unsere Übungen gleich von Anfang an in unser alltägliches Leben einbetten. Dadurch haben wir eine viel bessere Möglichkeit herauszufinden, wie wir Achtsamkeit in jeder Situation aufrechterhalten können.

In einem Achtsamkeitskurs bekommen die Teilnehmer verschiedene Übungen. Am Ende eines achtwöchigen Kurses hat man also sowohl lange als auch kurze Übungen zur Verfügung, die man je nach Bedarf und Zeit nutzen kann. Wie in Kapitel 1 erwähnt, besteht die Kunst darin, zu wissen, was und wie man auswählt. Das ist ein bisschen so, wie sein eigener Arzt zu sein: Wir müssen zuerst unsere Beschwerden diagnostizieren und dann das richtige Heilmittel auswählen. (Zu den speziellen Übungen siehe Kapitel 15, S. 133 ff.)

Gewohnheitsenergie

Den «Zustand», in dem sich die meisten Menschen die meiste Zeit über befinden, nennt man «Gewohnheitsenergie». Wir werden von Gewohnheitsenergie angetrieben, wenn wir uns unserer Handlungen nicht vollkommen bewusst sind – einer Art Autopilot, der uns durch das Leben steuern kann, ohne dass wir tatsächlich richtig aufmerksam sind oder die Dinge in vollem Bewusstsein tun. Normalerweise hat diese Gewohnheitsenergie mit irgendeiner Form von Aktivität zu tun – sei es nun mental oder körperlich. Unsere Gewohnheitsenergie besteht vielleicht darin, im Netz zu surfen, unser Handy zu checken, Termine in unseren Kalender einzutragen oder das nächste Essen zu planen. Wir führen Gespräche in unserem Kopf oder halten innere Monologe, mit denen wir unser Tun rechtfertigen. Bei der Gewohnheitsenergie kann es ums Putzen gehen oder um die Sorge um unsere Kinder, um Unruhe, Essen, Problemlösungen, Angst, Trinken, Wut oder das Aufschieben von Dingen, die dringend erledigt werden müssen. Jeder von uns hat seine Form der Gewohnheitsenergie, und um herauszufinden, welche Achtsamkeitspraxis uns am besten helfen könnte, müssen wir uns die Frage stellen: «Was geht gerade jetzt in mir vor?» Anders gesagt, wir bringen das, was bis dahin im Schatten gelauert hatte, ins volle Licht des Bewusstseins.

Innehalten, Beobachten, Auswählen

Die meisten Menschen in unserer modernen Welt verbringen sehr viel Zeit mit mentalen Aktivitäten. Ständig denken wir darüber nach, was wir tun müssen (die Zukunft) oder was wir getan haben (die Vergangenheit). Für Achtsamkeitsschüler ist es die erste Aufgabe zu sehen, was im Kopf vorgeht; anders ausgedrückt, unsere Gewohnheitsenergie zu beobachten. Zu erkennen, wie unser Denken verläuft und worauf es sich richtet, ist der erste Schritt zur Freiheit.

Aus dieser Erkenntnis heraus ergibt sich die Gelegenheit zum Innehalten. Und im Innehalten haben wir dann die Wahl darüber, wie wir weiter vorgehen möchten. Wenn die Gedanken sich im Kreis bewegen wie ein Hamster in seinem Rad, ist das einfache Innehalten eine großartige Erfahrung. Und zu sehen, dass man vielleicht die Wahl darüber hat, was man als Nächstes tun wird – das ist im Grunde ein Wunder.

Innehalten und Beobachten: Damit beginnt die Achtsamkeit. In dem Augenblick, in dem wir bemerken, wie der Geist arbeitet, *sind wir bereits im gegenwärtigen Moment.* Im bloßen Akt der Bewusstwerdung liegt das erste Werkzeug, mit dem wir das Feuer entfachen. Das Innehalten und Wahrnehmen sind wie die Teile der zerknüllten Zeitung. Sie sind die Grundlage dafür, dass sich ein Feuer entwickeln kann, wie die Geschichte von Clara zeigt:

Neulich standen mein Mann und ich kurz vor einem Streit. Meistens sagt einer von uns etwas, was den anderen ärgert, und bevor man sich versieht, schreien wir uns an. Mein Mann sagte also etwas, das mich ärgerte, und ich spürte, wie die Wut hochkam, und in dem Moment wurde mir klar, dass ich gar nicht darauf reagieren musste. Ich musste keinen Streit anfangen. Also tat ich es nicht. Ich konnte sehen, wie er mich ansah und praktisch auf die Explosion wartete. Aber die blieb aus. Ich atmete mehrmals gut durch. Ich merkte, ich hatte mich im Griff. Mein Mann hatte keine Ahnung, was da vorging. Es fühlte sich wunderbar an.

Brennholz

Achtsamkeitsübungen können am Anfang etwas einschüchternd sein. Sich inmitten eines ohnehin schon mit Terminen angefüllten Alltags auf eine 35 oder 45 Minuten lange Übung einzulassen, ist eine gewaltige Aufgabe. Für viele von uns gilt, dass wir – obwohl es uns in anderer Hinsicht relativ gutgehen mag – außerordentlich arm an Zeit sind. Was wir in einem Achtsamkeitskurs am häufigsten hören, ist das gebetsmühlenartige *«Ich hatte nicht genug Zeit»*. Wir müssen uns (und vielleicht auch unsere Kinder) jeden Tag für die Arbeit (und die Schule) fertig machen. Wir kämpfen uns durch den Verkehr und bemühen uns, pünktlich zur Arbeit zu kommen. Wir kämpfen darum, Fristen einzuhalten, Mitarbeitergespräche zu überstehen, unseren Chef zufriedenzustellen und auch all die anderen, mit denen wir zusammenarbeiten. Und dann geht der Kampf weiter: nach Hause kommen, Essen kochen, sich um saubere Kleidung für die nächsten Tage kümmern, unser Zuhause irgendwie in Ordnung halten. Wenn Ihr eigenes Szenario auch in mancher Hinsicht anders aussieht, ist das Ende vom Lied wahrscheinlich das Gleiche: *Es gibt nicht genug Zeit, um alles zu schaffen.*

Unter diesen Umständen erscheint es vielleicht tollkühn, sich noch eine weitere Verpflichtung aufzuladen. Aber es ist machbar. Hier ist die Geschichte von Adam:

Um ehrlich zu sein, meine Frau hat mich zu diesem Kurs angemeldet. Ich habe eine kleine Firma, deshalb arbeite ich lange und mache mir immer Sorgen um die Finanzen – ob ich in der Lage bin, meine Angestellten zu halten und ob ich genügend Geld für die Familie habe. Als wir im Kurs den Body-Scan gemacht haben, bin ich einfach eingeschlafen. Ich habe es nie wirklich geschafft, zu Hause die langen Übungen zu machen; das hätte bedeutet, früher aufzustehen, und ich war einfach zu müde. Aber ich war sehr konzentriert, wenn ich mir die Zähne putzte. Ich weiß, es klingt nicht nach sehr viel, aber in diesen zwei Minuten putzte ich einfach nur meine Zähne. Mein Geist kam zur Ruhe – ich dachte nicht mehr an die Arbeit –, und meine Zähne wurden auch sauberer. In den ersten Wochen hatte ich das Gefühl, der Kurs wäre nur wieder etwas, das ich nicht gut genug machte, aber nach einer Weile begann ich zu sehen, dass die Anspannung, die ich (bei fast allem) fühlte, nicht aus der Situation entstand: Sie kam aus meiner Art zu denken. Am Ende des Kurses war mein Blutdruck deutlich (um zehn Punkte) niedriger als zu Anfang. Dadurch wurde mir klar, dass selbst kleine Veränderungen in unserem Denken und Tun große Auswirkungen auf unser Leben haben können.

Adams Geschichte zeigt, wie jeder – egal, wie eingebunden und wie sehr unter Druck – achtsamer werden kann. Und sie zeigt auch, wie sich selbst nur eine kurze Übung positiv auswirkt. Aber am wichtigsten ist, dass Adam uns lehrt, wie es ihm gelang – dadurch dass er sich seiner Gewohnheitsenergie bewusst wurde –, sein Stressniveau zu verändern und seinen Blutdruck zu senken. Dieser in Zahlen ausgedrückte, objektive Beweis ist sehr wertvoll, denn er reduziert die Zweifel und erhöht die Wahrscheinlichkeit dafür, dass Adam an seinen Übungen festhält.

Um bei unserer Feuer-Analogie zu bleiben: Adam hatte die richtige Art von Brennholz gefunden. Eine Alltagsaktivität ins Bewusstsein zu heben, bedeutete, dass er keine zusätzliche Zeit zum Üben finden musste – er lenkte einfach seine Aufmerksamkeit auf etwas, was er ohnehin tat. Statt also seine Zähne zu putzen und dabei an all das zu denken, was er an diesem Tag erledigen musste, konzentrierte er sich nur auf das Geräusch, den Geschmack, das Gefühl beim Zähneputzen. Statt gedankenlos zu putzen, tat er dies voller Aufmerksamkeit – was heißt, er konzentrierte seine Aufmerksamkeit *auf den gegenwärtigen Moment*. Er war nicht mehr gespalten – sein Körper tat das eine, während er über etwas anderes nachdachte –, sondern ganz, in diesem Moment. Es klingt so einfach, und das ist es auch. Die Absicht, präsent und ganz zu sein, ermöglicht uns, den wahren Schatz unseres Lebens zutage zu fördern.

Größere Holzscheite dazutun

Sobald das Anmachholz Feuer gefangen hat, ist es sinnvoll, größere Holzstücke daraufzulegen. Das bedeutet, das Feuer wird länger brennen, und es wird auch mehr Wärme abgeben. Auf Achtsamkeit bezogen sind diese größeren Holzscheite die längeren, 30- oder 40-Minuten-Übungen, wie der Body-Scan und die Sitzmeditation. Aber wenn Sie eine Übung in voller Länge ausprobiert haben, sind Sie dabei wahrscheinlich auch einigen Herausforderungen begegnet. Vielleicht wollen die Gedanken sich nicht wirklich auf den Atem konzentrieren; stattdessen wandern sie ständig zurück zu all den Dingen auf der «To-do-Liste». Vielleicht fühlt sich der Körper unruhig und unwohl. Vielleicht kommen in den Gedanken oder in den Gefühlen Blasen an die Oberfläche – Blasen, die Sie unbedingt zu vermeiden versuchen. All diese Störungen sagen im Grunde: «Hör mit dieser Meditation auf – lass uns etwas anderes machen, etwas Einfacheres, etwas Produktiveres.» Schließlich legt die Geschichte von Adam nahe, dass wir allein durch die Art, wie wir unsere Zähne putzen, schon eine bedeutende Veränderung erreichen können. Also warum sollten wir eine halbe Stunde damit verbringen, nichts zu tun?

Das autonome Nervensystem

Um diese Frage zu beantworten, ist es hilfreich, etwas über die menschliche Physiologie zu wissen. In unserem Körper haben wir ein wundervolles System, das vegetative oder auch autonome Nervensystem. Autonom bedeutet im Wesentlichen, dass es automatisch abläuft – es tut seine Arbeit ohne irgendeine Anweisung von uns. Wir müssen nicht über unseren Herzschlag nachdenken oder über jeden neuen Atemzug unserer Lunge – all dies passiert ganz natürlich.

Innerhalb des autonomen Nervensystems gibt es zwei Steuerungssysteme. Das erste, das parasympathische Nervensystem, reguliert die Art, wie unser Körper funktioniert, wenn wir uns im Ruhezustand befinden. Unser Herz schlägt langsam, unsere Atmung ist ruhig, wir können unser Essen verdauen, wir fühlen uns wohl. Nennen wir den parasympathischen Modus das grüne Licht.

Das andere Steuerungssystem ist für die Situationen, in denen wir uns bedroht fühlen. Das ist das sympathische Nervensystem, und wenn dies aktiviert wird, sind wir auf der Hut. Die Atmung und die Herzfrequenz werden schneller, wir fühlen uns stärker, wir befinden uns im Modus «Kampf oder Flucht». Wenn wir gestresst sind, wird die sympathische Seite des Nervensystems eingeschaltet – nennen wir sie das rote Licht. Es macht uns panisch oder aggressiv.

Setzen (oder legen) wir uns nun hin, um Übungen zu machen, können wir zum Beispiel bemerken, dass wir uns gestresst fühlen. Dadurch, dass wir dem Körper und dem Atem Aufmerksamkeit schenken, uns in den gegenwärtigen Moment bringen, kann sich das Stressniveau verringern. Der Wechsel vom Sympathischen (rotes Licht) zum Parasympathischen (grünes Licht) braucht Zeit. Für die meisten Menschen nimmt der Wechsel von Rot zu Grün ungefähr 20 Minuten in Anspruch. Wenn man dies einmal verstanden hat, begreift man, warum es so wichtig ist, sich auf längere Übungen einzulassen. Wenn Sie immer nur eine Drei- oder Zehn-Minuten-Übung praktizieren, werden Sie niemals wirklich erleben, was es bedeutet, aus dem Tun heraus- und in den Sein-Modus einzutreten. Diese Geschichte soll uns das demonstrieren:

> Eine Trainerin erklärte einmal ihrer Gruppe, dass der Körper (und auch der Geist) ungefähr 20 Minuten brauche,

um sich aus dem «Tun-Modus» in einen angenehmeren Zustand hineinzubegeben. Ein Kursteilnehmer fragte daraufhin: «Wenn es 20 Minuten braucht, warum dauert die Übung, die Sie uns gezeigt haben, dann 30 Minuten? Warum können wir nicht nach 20 Minuten aufhören?»
Die Lehrerin dachte einen Moment lang nach und erwiderte dann: «Tja ... Warum sollten Sie das wollen?»

4. Dem Feuer Leben einhauchen

Heute Morgen, weniger als einen Monat vor der Wintersonnenwende, haftet der erste Frost an den Rändern der Blätter wie ein feiner Spitzenstoff. Durch die Bäume erscheint die Luft wie mit Rauch gefüllt, tatsächlich aber ist es Dunst, der aus dem feuchten Erdboden aufsteigt, wenn ihn das Sonnenlicht berührt. Von den Bäumen rieseln Tropfen, die letzten Blätter fallen, ein starker, modriger Geruch steigt aus der feuchten Erde auf. Heute, mit den frisch gespaltenen Holzscheiten, entzündet sich das Feuer sofort.

Uns ist bewusst, dass wir auf irgendeine Weise leiden, und wir haben zum Glück ein Buch oder einen Kurs mit Achtsamkeitsübungen entdeckt. Wir müssen nur noch einen einzigen Schritt tun – wir müssen einen Vorsatz fassen, wir müssen auch wirklich Zeit aus unserer täglichen Routine freischaufeln, die CD mit dem Body-Scan suchen und auf «play» drücken. Dazu müssen wir das Telefon ausschalten und uns voll auf die Worte konzentrieren. Das erscheint vielleicht nur als kleine Schritte, doch sie sind im Grunde der große Sprung, der uns vom Nachdenken über Achtsamkeit zum tatsächlichen Praktizieren bringt.

Unsere Motivation ist die Luft, die wir in unsere Feuerstelle der Achtsamkeit hauchen. Ohne sie brennt auch ein gut angelegtes Feuer nicht. Besonders am Anfang braucht es zusätzlichen Luftzug, sonst wird die Glut, die an den Enden des Papiers rot aufleuchtet, nicht zu einer Flamme werden. Die Luft lässt es schneller brennen und sorgt dafür, dass die Flamme vom Papier auf das Anmachholz übergeht und vom Anmachholz auf die größeren Holzscheite. Zu viel Luft, und das Feuer brennt zu schnell oder kann sogar ausgehen. Nicht genug Luft, und wir sind dazu verdammt, in der Kälte zu sitzen. Die Luft, die wir dem Feuer zukommen lassen, muss kontinuierlich und gleichmäßig zuströmen, oder die Flammen erlöschen. Es kostet weitaus weniger Mühe, das Feuer in Gang zu halten, als es ausgehen zu lassen und wieder ganz von vorne anzufangen. Das Gleiche gilt für die Achtsamkeitspraxis: Ein regelmäßiger «Input» ist der Schlüssel dafür, dass sich die innere Glut der Bewusstheit entwickelt.

Die Motivation oder der Vorsatz zum regelmäßigen Üben ergibt sich aus der bereits erwähnten Frage zu Hitze und Leiden, nämlich: *Warum tue ich das? Warum interessiere ich mich für Achtsamkeit, und was möchte ich daraus für mich gewinnen?* Ohne Klarheit über die Antworten auf diese Fragen wird der Vorsatz ins Wanken geraten.

Achtsamkeitskurse werden aus vielerlei Gründen besucht wie Stress, Angst, Depression, schlechte Gesundheit, Schmerzen, der Wunsch, eine bessere Mutter bzw. ein besserer Vater oder Ehepartner zu sein, die Arbeit effektiver zu bewältigen, oder einfach das Verlangen, sich gelassener und mehr im Jetzt zu fühlen. Die meisten von uns beginnen mit Achtsamkeitsübungen, um ihr Leben auf irgendeine Art zu verbessern. Wir lernen, Achtsamkeit als Werkzeug zu unserem persönlichen Nutzen einzusetzen. Dies ist einer der Hauptunterschiede zwischen weltlicher Achtsamkeit und der Form, die innerhalb einer spirituellen Tradition praktiziert wird: Nach Ansicht der Buddhisten soll Achtsamkeit den Menschen ermöglichen, ihre Verbindung zu und ihr Mitgefühl mit der ganzen Welt zu spüren.

Ob wir uns nun mit dem Persönlichen oder dem Universellen auseinandersetzen wollen, das Thema des Leidens bleibt ein Kernpunkt. Für Menschen mit erheblichen Schmerzen oder mit einer lebensbedrohlichen Krankheit ist das Leiden nur allzu offensichtlich. Daher ist ihre Absicht ganz klar: *Ich muss einen Weg finden, um diese Situation/diese Schmerzen erträglich zu machen.* Die Ablenkungen und Verdrängungsmechanismen, die sie vielleicht früher benutzt haben, um ihre Beschwerden abzumildern, greifen nicht mehr; und so gibt es schließlich keine Alternative. Verzweiflung schafft Hitze und Dringlichkeit, und das macht die Absicht sonnenklar. Sie können den Grund nicht vergessen, warum sie die Übungen machen, denn ihr Körper sagt ihnen in jedem Moment, dass er Schmerzen hat. Obwohl es ihnen aufgrund ihrer Schmerzen schwerfällt, regelmäßig zu den Seminaren zu kommen, machen diese Menschen weitaus größere Fortschritte als jemand, der nur so aus Interesse teilnimmt oder weil der Ehemann/die Ehefrau dachte, das wäre eine gute Idee. Je klarer und hartnäckiger unser Schmerz ist, desto stärker unser Entschluss.

Wie viele gute Vorsätze zum neuen Jahr haben Sie in Ihrem Leben schon gefasst? Wie viele haben Sie umgesetzt? Die erfolgreichsten waren wahrscheinlich zeitlich begrenzt – so ist zum Beispiel der Verzicht auf Alkohol oder Schokolade nur für den Monat Januar besser durchzuhalten als für immer. Wenn es um Achtsamkeitsübungen geht, ist diese Einstellung ebenfalls hilfreich. Setzt man sich selbst das Ziel, während des ganzen Kurses jeden Tag Übungen zu machen, wird man wahrscheinlich an irgendeinem Punkt versagen.

Deshalb lautet die allererste Aufforderung in einem Achtsamkeitskurs: nicht verurteilen. Wenn ich es heute nicht schaffe, die Übungen zu machen, kann ich dann trotzdem noch freundlich zu mir selbst sein? Oder wenn ich mich hinsetze und meine Gedanken ständig von einem Thema zum anderen springen, kann ich dem Impuls widerstehen, mich selbst fertigzumachen? Kann ich von der Vorstellung des «Versagens» loslassen und stattdessen einfach nur neugierig sein auf alles, was vielleicht entsteht? Wie Ajahn Sucitto, ein Theravada-Mönch aus dem Chithurst-Forest-Kloster (Cittaviveka) in West-Sussex, sagt: «Erfolg *und* Misserfolg führen beide, wenn sie aus guter Absicht entstehen, zu Weisheit, Frieden und Güte.»[2] Das heißt, egal, wie unzulänglich wir uns in unserer Praxis einschätzen, die Tatsache, dass wir uns so gut wie möglich bemühen, bedeutet, dass etwas Gutes dabei herauskommt – vor allem Weisheit, Frieden und Güte. Wenn wir dies erst einmal erkennen, dann hat die Gewohnheitsenergie des Verurteilens weniger Macht über uns.

Schließlich gibt es eine Schlüsselfrage, und in dieser liegt das Geheimnis, das wir enthüllen müssen, um unsere Absicht zu klären. Sie lautet:

Was ist mein tiefster Wunsch?

Halten Sie inne und denken Sie darüber nach.

Was möchten Sie wirklich, für sich selbst, für die Menschen, die Sie kennen, und für die Welt?

Es ist vielleicht etwas, das Sie nicht einfach in Worte fassen können.

Es ist vielleicht sogar eine Frage, die Sie im Moment nicht beantworten können.

Aber halten Sie die Frage in Ihrem Innern lebendig.

Es ist eine Frage, die Licht auf das Geheimnis der Übungen wirft.

Sie ist die Nadel in Ihrem inneren Kompass, der Ihnen den Weg zeigt und Ihnen helfen wird, Ihren Weg zu gehen.

Wenn dieser Weg klar ist, wird auch Ihre Motivation für die Meditationsübungen klar sein.

Und wenn der Weg und die Motivation klar sind, entsteht die Übungspraxis als unsere Verpflichtung, dieses eine kostbare Leben zu leben, das wir bekommen haben, so gut wir es können.

Was also ist Ihr tiefster Wunsch?

*Das zweite Geheimnis:
Die Hindernisse abstecken*

5. Sich mit den Hindernissen vertraut machen

Heute nehmen Sie sich, nachdem Sie das Feuer angezündet haben, die Zeit, nach draußen zu gehen und die Futterspender zu füllen. Als Sie zurückkommen, ist die Feuerstelle kalt. Und nicht mal ein bisschen Glut. Es wird nachts hier drinnen so kühl, dass die Schlösser einfrieren, und das Holz ist einfach zu kalt, um die Flammen anzunehmen. Sie haben nur die Wahl: noch mal alles von vorne oder sich zurückziehen. Innehalten ... Nun schichten Sie mit kalten Händen noch mehr Papier auf, mehr Anmachholz – kein Gedanke mehr daran, dies alles zu machen, um danach etwas anderes zu tun. Nur entschlossen, dieses eine kleine Feuer zum Leben zu erwecken.

Wie viele Gründe wir doch finden können, um die Übungen nicht zu machen! Über die Jahre haben meine Kursteilnehmer Dutzende Arten von Widerstand angeführt, vielleicht mit der Vorstellung, wenn man nur diese eine Hürde überwinden könnte, die einem anscheinend den Weg versperrt, wäre alles andere plötzlich ganz einfach. Aber es ist eine merkwürdige Sache mit Hindernissen: Wenn das eine verschwindet, erscheint häufig ein anderes auf dem vor uns liegenden Weg. Hier hilft das Bild des Hürdenlaufs: Der erfahrene Läufer weiß, dass noch eine Reihe von Hürden zu bewältigen ist, und so passt er sein Tempo entsprechend an, um jede mit dem richtigen Schwung zu nehmen und nicht zu stolpern. Ohne die Hürden gäbe es diese ganze Veranstaltung gar nicht. Das trifft genauso auf uns als Achtsamkeitsschüler zu: Wir müssen akzeptieren, dass Hindernisse auftreten und als Teil unserer Übungen genutzt werden können. Wie es Jon Kabat-Zinn in einem seiner Vorträge so passend ausdrückte: «Was immer in Ihrem Leben vor sich geht, gehört zum Lehrplan.» Was auch immer uns begegnet, damit müssen wir uns genau jetzt auseinandersetzen, und *darum* geht es in unseren Übungen.

Achtsamkeit bedeutet Vertrautheit. Wenn ein Hindernis auftaucht, mag unsere unbewusste Tendenz dahin gehen, sich abzuwenden, doch tatsächlich liegt das Geheimnis darin, sich ihm anzunähern und sich mit ihm vertraut zu machen. In diesem Abschnitt folgt eine Liste der häufigsten Hemmnisse. Wahrscheinlich treten nicht alle bei Ihnen auf, aber zweifellos werden Sie einige gut kennen. Und zu wissen, was gerade geschieht, ist der erste Schritt, um herauszufinden, wie man es meistert, egal, um was für ein Hindernis es sich handelt.

6. Physische Hindernisse

Plötzlich erscheint, mit kleinen, schnellen Bewegungen, ein Eichhörnchen vor der Hütte. Eine Plastikkuppel hält es von den Vogelhäuschen fern, aber es hat auf dem Boden eine Erdnuss gefunden. Mit kleinen, gelenkigen Pfoten greift es sich die Nuss, setzt sich aufrecht hin und knabbert wie verrückt, sein Schwanz wie ein Fragezeichen an seinem Rücken.

Der Körper ist etwas Wunderbares. Er setzt Nahrung in Energie um und führt unablässig komplexe und zusammenhängende Aktivitäten aus, von denen wir kaum eine Ahnung haben. Er schenkt uns Beweglichkeit, Gedanken, einen Reichtum an Empfindungen und versetzt uns in die Lage, die Welt zu erfahren und zu verstehen. Doch wenn dieser komplexe Organismus aus dem Lot gerät, fühlen wir womöglich Schmerz und Frustration. Dies kann die Meditationsübungen ernsthaft behindern. In diesem Kapitel sehen wir uns die Hindernisse an, die aufgrund körperlichen Leidens entstehen, und untersuchen, wie wir auf achtsame Weise mit ihnen umgehen können. Werfen Sie einfach einen Blick in die Teile dieses Abschnitts, die für Sie am interessantesten sind.

Krankheit

Krankheiten fallen in der Regel unter zwei Kategorien: die akuten – wie zum Beispiel eine Grippe –, die uns eine Weile außer Gefecht setzen und von denen wir uns wieder erholen; und die chronischere Form gesundheitlicher Störungen, die sich über Jahre hinziehen können. Akute Krankheiten, und besonders solche, die uns ans Bett fesseln, vertreiben jede Lust auf Achtsamkeitsübungen, da Körper und Psyche betroffen sind. Oft müssen wir während einer akuten Krankheit unseren gewohnten Tagesablauf aufgeben, akzeptieren, dass wir nicht zur Arbeit gehen können, und die meisten Dinge aufschieben, bis wir uns wieder besser fühlen.

Chronische Krankheiten unterscheiden sich darin von akuten. Wir neigen dazu – vielleicht in eingeschränkter Weise –, das alltägliche Leben weiterzuführen – aber die Krankheit macht alles sehr viel schwieriger. Hinzu kommen womöglich emotionale Faktoren: Wir verlieren vielleicht jede Hoffnung auf Genesung oder haben das Gefühl, bald zusammenzubrechen. Chronische Krankheiten sind womöglich sogar der Grund für den Entschluss, mit Achtsamkeitsübungen zu beginnen, in der Hoffnung, all das besser zu bewältigen.

Schmerzen

Schmerzen können aus Krankheiten entstehen, wie es etwa bei Fibromyalgie der Fall ist, aber manchmal haben sie nicht auf diese Weise mit «Krank-Sein» zu tun; stattdessen liegt eine Verletzung vor oder eine physische Verspannung. Rückenschmerzen zum Beispiel können die Sitzmeditation geradezu zu einer Tortur werden lassen. Man unterschätzt leicht, wie sehr einen chronische Schmerzen schwächen und demoralisieren können: Man hat das Gefühl, niemand möchte hören, was man durchmacht, und so behält man es am Ende für sich. Es gibt vielleicht die Möglichkeit der Schmerzlinderung, aber die Nebenwirkungen der Medikamente sind manchmal fast genauso schlimm wie die Schmerzen selbst.

Müdigkeit

Manchmal bemerken wir nicht, dass wir müde sind. Wir setzen oder legen uns zum Üben hin, und plötzlich wollen wir nur noch schlafen. Beim Body-Scan ist das ein besonderes Problem, aber es passiert auch in der Sitzmeditation. Schlaf kann eine Form des Widerwillens sein: Wenn ich einfach einschlafen kann, dann brauche ich diese Meditation nicht zu «machen» – oder aber der Schlaf ist das, was wir wirklich in diesem Moment am dringendsten brauchen.

Erschöpfung

Wir alle leiden in unserem Leben hin und wieder unter Erschöpfung. Damit ist eine extreme Müdigkeit gemeint, wobei wir uns nach einer durchschlafenen Nacht nicht besser fühlen. Die Gründe für Erschöpfung sind zahlreich: sich um ein Baby kümmern, zu viel Arbeit, bis tief in die Nacht für eine Prüfung lernen, Termindruck, Sorgen, Stress, Gesundheitsprobleme, Schlafstörungen und so weiter. Welcher Grund auch immer, das Ergebnis ist dasselbe: Es fällt schwer, den nächsten Tag durchzustehen. Es fehlt an Energie, um das Leben zu genießen, es fehlt an Energie, sich um sich selbst zu kümmern. Man hat den starken Drang nach Koffein und Süßigkeiten, wobei uns beides am Ende ein noch stärkeres Gefühl des Ausgelaugtseins vermittelt.

Schlafstörungen

Nicht schlafen zu können, ist ein weit verbreitetes Problem. Manchmal verhindern Schmerzen den Schlaf, häufiger aber ist es der Kopf, der nicht «abschalten» will. Die Gedanken kreisen um einen Vorfall, der uns Unbehagen verursacht – oder sie gehen weit in die Zukunft und kreieren Katastrophenszenarien zu all den Dingen, die morgen schiefgehen könnten. Kaum berührt unser Kopf das Kissen, dreht unser Gehirn auf. Und wenn dieses Muster erst einmal einsetzt, kommt die Angst hinzu, nicht schlafen zu können: *Wenn ich nicht einschlafen kann, wird es morgen richtig schrecklich.* Natürlich hält uns diese Angst noch weiter wach und schickt uns möglicherweise in einen «Flucht-oder-Angriffs»-Modus. An diesem Punkt wird der Schlaf unerreichbar.

Schlaflosigkeit untergräbt unseren Willen und unsere Begeisterung und schwächt unsere Entschlossenheit, Meditation zu praktizieren. Schließlich geht es bei Achtsamkeit darum, unsere Erfahrungen bewusst und wach zu erleben, und wenn wir unter Schlaflosigkeit leiden, wollen wir nur noch schlafen.

Mit physischen Hindernissen arbeiten

Bei Krankheit, Schmerz oder Übermüdung besteht unsere Aufgabe darin herauszufinden, wie wir damit «sein» können. Das ist nicht einfach: Wenn wir zu weit in die Richtung strenger Disziplin und Rigorosität gehen, verlieren wir jeden Sinn für Mitgefühl für uns selbst. Wenn wir dagegen wegen jedem kleinen Wehwehchen einfach mit den Übungen aufhören, verpassen wir entscheidende Gelegenheiten, mit unserer inneren Ruhe in Berührung zu kommen. Um zwischen diesen zwei Extremen einen sicheren Kurs zu halten, müssen wir uns immer wieder die folgende Frage stellen: *Wie kann ich in diesem Moment am besten für mich selbst sorgen?* Indem wir diese Frage als eine Art Leitstern nutzen, sehen wir uns nun einige konkrete Möglichkeiten an, wie wir diese Hindernisse angehen können.

Die achtsame Herangehensweise an Müdigkeit

Das ist ein guter Anfang, denn Müdigkeit kennen wir alle. Schläfrigkeit hält uns manchmal davon ab, überhaupt mit den Übungen zu beginnen, aber wahrscheinlich entsteht dieser Zustand eher, wenn wir uns entschlossen haben zu meditieren. Wenn Sie Ihre Schläfrigkeit bemerken, bevor Sie tatsächlich einschlafen, ist das gut! Hier sind ein paar einfache Möglichkeiten, mit der Müdigkeit zu arbeiten:

- Machen Sie die Übungen mit geöffneten Augen.
- Versuchen Sie, drei Sekunden lang zur Zimmerdecke zu sehen, das weckt die Aufmerksamkeit.
- Nehmen Sie mehrere tiefe Atemzüge.
- Bringen Sie Ihren Körper in Bewegung. Eine kurze Abfolge achtsamer Dehnungen oder Yoga, besonders wenn Sie dabei freier atmen, werden Ihnen helfen, dann in der Meditation wach zu bleiben.
- Machen Sie sich bewusst, dass Meditieren Ihnen tatsächlich mehr Erholung schenkt als ein Nickerchen.
- Machen Sie die Müdigkeit zum Gegenstand Ihrer Aufmerksamkeit. Welche Körperteile fühlen sich müde an? Gibt es auch Körperteile, die sich wach fühlen?
- Die überlieferten Texte zum Thema Müdigkeit ermuntern dazu, den Geist durch das Denken an «aufrüttelnde» Themen zu wecken, zum Beispiel Geburt, Verfall, Krankheit und Tod. Das mag ein bisschen extrem klingen, aber die Botschaft ist klar: Unsere Zeit auf der Erde ist begrenzt, also wach auf!

- Und wenn Sie wirklich unter tiefer Erschöpfung leiden, denken Sie bitte auch daran, dass die beste Art, für sich selbst zu sorgen, vielleicht auch darin liegt, sich jetzt erst einmal auszuruhen und später die Übungen zu machen.

Achtsamkeit bei Schlafstörungen einsetzen

Bei Schlafstörungen sollten Sie am besten schon etwas tun, *bevor* Sie ins Bett gehen. Hier ist ein Rezept, das bereits vielen Menschen geholfen hat:

- Versuchen Sie, irgendwann während des Tages ein bisschen frische Luft zu schnappen und einige sanfte Übungen zu machen (auch Spazierengehen ist gut).
- Dann nehmen Sie nach 18.00 Uhr kein Koffein mehr zu sich (und reduzieren die Menge auch während des Tages).
- Schalten Sie eine Stunde vor dem Schlafengehen den Computer, das Telefon und den Fernseher aus.
- Verändern Sie das Licht im Raum – eine oder zwei brennende Kerzen schaffen eine andere Atmosphäre.
- Als Nächstes praktizieren Sie Achtsamkeitsyoga (wenn Ihnen Yoga nicht zusagt, wählen Sie andere Übungen) – sinnvoll sind volle 40 Minuten. Sie brauchen diese Zeit, damit Körper, Geist und Atem vollkommen aus dem «Tun» in das «Sein» überwechseln können. (Genaueres siehe hierzu Seite 37 ff. in Kapitel 3 über das autonome

Nervensystem.) Bringen Sie den Geist zurück zum Körper, zum Atem, zu den Gefühlen.
- Nehmen Sie nach dem Yoga ein heißes Bad oder eine heiße Dusche; der Abkühlungsvorgang nach dem Bad hilft dem Körper einzuschlafen.
- Wenn Sie im Bett sind, nutzen Sie ein paar einfache Worte, während Sie ein- ... und ausatmen ..., um den Geist in der Gegenwart zu verankern:

ein ... aus
tief ... langsam

Jedes Mal, wenn die Gedanken abschweifen, bringen Sie sie zu diesen Worten zurück.

Diese Regeln zu befolgen, schult Körper und Geist darin, in die Gegenwart und in die innere Ruhe zu kommen. Daraus folgt der Schlaf als natürliches Ergebnis.

Krankheit und Schmerzen

Viele Menschen beginnen mit Achtsamkeitsübungen, weil sie unter körperlichen Schmerzen leiden. Zudem sagen diejenigen, die regelmäßig Achtsamkeitsmeditationen machen, dass diese ihre Schmerzen reduzieren.
Aber Achtsamkeit nimmt nicht die Schmerzen.
Was also passiert?
Es gibt einen alten Spruch:

Der Kluge spürt den Schmerz eines Pfeils.
Der Unkluge spürt den Schmerz von zweien.[1]

Der erste Pfeil ist etwas, das passiert – vielleicht bekomme ich Migräne oder eine Erkältung. Sie treten eben ab und zu auf. Und so empfindet der Körper Schmerz.

Und dann kommt das, was der Verstand tut: die Sorge, dass ich meinen Verpflichtungen nicht nachkommen kann, dass ich die Leute hängenlasse, dass dieser Schmerz niemals aufhören wird, dass ich ihn nicht ertragen kann usw. Diese mentale Aktivität ist der zweite Pfeil: Er ist das Leiden, das ich um die Erkältung oder Migräne herum aufbaue. Und das Wichtige hierbei ist: *Ich habe es selbst produziert.* Ich habe eine Geschichte erfunden («ich lasse die Leute hängen»), die mein Leiden verstärkt.

Es ist nicht nur unser Verstand, der den zweiten Pfeil abschießt. Jedes Mal, wenn wir körperliche Schmerzen haben, und besonders, wenn die Schmerzen chronisch sind, versucht unser Körper, seinen eigenen «zweiten Pfeil» abzuschießen. Mit anderen Worten: Wir verspannen uns. Wir beginnen, den Schmerz abzuschirmen, indem wir diesen Teil des Körpers unbeweglich halten, bis wir einen Panzer aus Muskeln um die Stelle gelegt haben, an der der Schmerz entstanden ist. Diese Verhärtung birgt ihren eigenen Schmerz in sich, aber die meiste Zeit sind wir nicht in der Lage, diesen zweiten Schmerz von der ursprünglichen Verletzung zu trennen. Alles zusammen ist einfach ein großes Bündel aus Schmerzen geworden, das wiederum unser mentales und emotionales Wohlergehen beeinflusst.

Die Achtsamkeitsmethode bei Schmerzen

Normalerweise geht man mit Schmerzen so um: Entweder will man sie loswerden (durch Schmerztabletten, Massagen etc.) oder sich von ihnen ablenken (durch Fernsehen, Computer, soziale Events). Beide Methoden können hilfreich sein. Doch die Achtsamkeitsmethode ist anders. Achtsamkeit lädt uns dazu ein, den Schmerz zu untersuchen; anders gesagt, mit dem Gefühl vertraut zu werden. Wo sitzt der Schmerz? Kann ich ihn beschreiben? Bewegt er sich? Gibt es Stellen im Körper, die schmerzfrei sind? Besteht er tatsächlich die ganze Zeit über, oder gibt es Momente ohne Schmerzen? Wie ist es, wenn ich mich auf eine bestimmte Art bewege oder atme? Es gehört zur Achtsamkeit, nicht nur die natürliche Abneigung gegen Schmerzen loszulassen, sondern auch die damit verbundene Angst. Angst gehört zum zweiten Pfeil: *Wird es immer so schlimm sein? Was, wenn es noch schlimmer wird? Wie halte ich das aus?*

Achtsamkeit verlangt von uns, unsere ganze Aufmerksamkeit darauf zu konzentrieren, wie die Dinge in diesem Moment sind. *Hier* sind die Schmerzen jetzt. *So* fühlt es sich jetzt an. Es braucht beträchtlichen Mut, sich dem Schmerz zuzuwenden, aber wenn man es einmal tut, ist der Lohn enorm. Mit unserer Bereitschaft, uns mit dem Schmerz, so wie er ist, vertraut zu machen, ziehen wir den zweiten Pfeil aus unserem Fleisch. Das heißt: Obwohl der Schmerz immer noch da sein mag, ist das Leiden, das wir um ihn herum geschaffen haben, gelindert. Und noch wunderbarer ist: Durch den Wechsel in das nicht wertende Bewusstsein des gegenwärtigen Moments haben wir ein Hindernis für die Übungen (nämlich unsere Schmerzen) genommen und in ein Objekt unserer Übungen verwandelt. Einfach durch die Änderung unserer inneren Einstellung haben wir unsere Erfahrung verwandelt. Das soll nicht heißen, dass Sie es genießen werden, krank zu sein oder Schmerzen zu haben, aber es bedeutet, dass Sie inmitten des Unwohlseins ein Gefühl des Friedens erschaffen können. Hier ist eine Geschichte von Toni, die wegen körperlicher Schmerzen zur Achtsamkeit kam:

Ich hatte mich für den Einführungskurs in Mindfulness angemeldet, als ich schon vier Monate unter einer Gürtelrose litt. Ich nahm wegen der starken Schmerzen viele Medikamente. Ich hatte die ersten drei Kurstermine hinter mir – und dann stand ich eines Nachts um 2.00 Uhr auf, um zur Toilette zu gehen, verpasste (wahrscheinlich wegen der Medikamente) eine Biegung, fiel die Treppe hinunter und brach mir einen Halswirbel.
In der nächsten Woche kam ich mit einer Halskrause zum Achtsamkeitskurs. Ich konnte nicht viel machen, aber das Meditieren war sehr hilfreich. Die Idee, sich eher auf den Schmerz zu konzentrieren, als ihn wegzuschieben: Wir hatten das Kabat-Zinn-Video gesehen, in dem er dies beschreibt. Es widerspricht jeder Intuition, aber es funktioniert wirklich. Auf eine Art lernte ich also, mit den Schmerzen Freundschaft zu schließen. Ich suchte sie, vermisste sie, wenn es ruhig war, und sehnte mich gleichzeitig danach,

dass sie weggingen. Zu jener Zeit bestimmte der Schmerz, wer ich war.

Nach dem gebrochenen Halswirbel sagte mir der Arzt, ich müsse die schmerzstillenden Mittel absetzen. An diesem Punkt, denke ich, wurde Achtsamkeit besonders wichtig. Als ich die Tabletten absetzte, nahmen die Schmerzen nicht zu – und wurden zu Anfang auch nicht deutlich weniger, aber es war keinesfalls die Katastrophe, die ich befürchtet hatte.

Was mich die Achtsamkeit gelehrt hat, ist, glaube ich, wie man auf die Schmerzen zugehen kann. Wenn man das tut, erreicht man eine Art Vertrautheit, sodass man nicht mehr so große Angst hat und nicht mehr gegen seine Empfindungen ankämpft. Das versetzt einen in die Lage zu entspannen, zu spüren, dass die Muskeln, die einen so festhalten, langsam loslassen. Das ist *nicht* einfach, aber zu wissen, dass es möglich ist, half mir wirklich durch eine schwere Zeit hindurch.

Tonis Geschichte zeugt von ungeheurem Mut, ganz besonders, was ihre Bereitschaft betrifft, den Kampf gegen die Schmerzen zu beenden. Wenn wir lernen, unsere Beziehung zum Schmerz zu verändern, kann er tatsächlich zu einem wertvollen Verbündeten werden. Dadurch, dass wir unseren eigenen Schmerz durchleben, beginnen wir, mehr Mitgefühl mit den leidenden Menschen um uns herum zu haben. Schmerz lehrt uns, geduldig zu sein. Schmerz lehrt uns etwas über Vergänglichkeit – darüber, dass Empfindungen kommen und gehen. Wenn auch niemand freiwillig den Schmerz wählt, so ermöglicht uns doch die Fähigkeit, uns mit unserem Erleben anzufreunden, klüger und freundlicher in unserer Beziehung zur Welt zu werden.

7. Fixierungen und Wünsche

Seidige Fäden, von der Wintersonne enthüllt, quer über den Boden, glitzernd, den Wald zusammenhaltend.

Anhaftungen liegen einigen unserer am tiefsten verwurzelten Muster zugrunde. Dies sind die Bereiche unseres Lebens, die wir für notwendig halten, um funktionieren zu können; deshalb ist es nicht leicht, sie aufzugeben. Oft klammern wir uns an eine Sicht von der Zukunft, wie wir sie gerne hätten, denn wir denken, dann wären wir glücklich oder erfüllt. Bei solchen Anhaftungen besteht ein dreifaches Problem. Zuerst einmal: Wenn wir an etwas hängen, das wir bereits besitzen, verschwenden wir eine Menge Zeit und Energie mit der Sorge, wie elend wir uns fühlen werden, sollten wir es verlieren. Zweitens: Wenn wir dem Wunsch anhaften, etwas zu bekommen, was wir noch nicht haben, treibt uns all unsere Energie in die Zukunft und in Richtung dieser Wunscherfüllung – auf diese Weise sind wir nie in der Gegenwart. Und drittens: Etwas zu wollen, ist eine Angewohnheit oder sogar eine Sucht. Wenn es uns gelingt, eine Sache zu bekommen, richten wir leicht unseren Eifer auf die nächste und dann auf die übernächste und so weiter. Das heißt, dass wir am Ende, egal, wie erfolgreich wir sind, es nicht schaffen, einfach in der Gegenwart zu sein und das, was wir haben, zu schätzen.

In Hinsicht auf Achtsamkeitsübungen ist das Problem der Anhaftungen, dass sie hartnäckig sind: Sie überzeugen uns, dass wir uns erst um sie kümmern müssen, bevor wir etwas anderes tun können. Im Folgenden sind verschiedene Anhaftungen aufgelistet, die beim Üben von Achtsamkeit auftauchen und es behindern.

Die To-do-Liste

Wenn wir viele Dinge im Kopf behalten müssen, ist eine Liste unglaublich hilfreich. Eine «To-do-Liste» kann im Innern bestehen (die Einkaufsliste im Kopf) oder im Außen (das Stück Papier, das uns an all die Dinge erinnert, die wir heute erledigen müssen). Doch die unterschwellige Botschaft einer solchen Liste lautet, wir dürfen nicht aufhören, bevor wir nicht alles abgehakt haben, und häufig enthält sie mehr, als wir an einem Tag schaffen können. Solange es unerledigte Punkte auf der Liste gibt, kommt leicht das Gefühl auf, wir dürften nicht innehalten und uns die Zeit für eine Achtsamkeitsübung nehmen.

Zeit

Das Zeitproblem betrifft jeden. Es ist einfach nicht genug Zeit da, um all das zu tun, was wir glauben, tun zu müssen, oder was wir tun möchten. Die Zeit treibt uns an: Wir ängstigen uns, zum nächsten Termin zu spät zu kommen, und geraten wegen dieser zwei kleinen Zeiger unserer Uhr in den Stress-Modus. Menschen haben diese Apparate zur exakten Anzeige der Zeit erfunden, und wir lassen uns in dieses Gefängnis einsperren. Das unterschwellige Motto des modernen Lebens lautet: Wir müssen mit unserer Zeit immer effizienter umgehen. Inzwischen haben Wissenschaftler Fitnessübungen erarbeitet, für die man nur dreimal wöchentlich drei Minuten braucht! Das heißt, wir hetzen ins Fitnessstudio, strampeln drei Minuten auf dem Fahrradtrainer und hetzen wieder hinaus. Immer hetzen wir zum nächsten Termin. Immer verpassen wir unser Leben.

Ziele

Der moderne Lebensstil verlangt ein großes Engagement, um ein Ziel zu erreichen. Als Kinder «müssen» wir Prüfungen bestehen. Wir brauchen gute Noten, um zur nächsten Stufe zu gelangen und dann wieder zur nächsten. Unsere Gedanken sind immer nach vorn in die Zukunft gerichtet: *Ich muss das gut machen, oder morgen werde ich nicht dort stehen, wo ich hinwill.* Und wenn wir dann in diesem «morgen» ankommen, nehmen wir es kaum wahr, weil wir schon wieder auf das nächste Ziel schauen. Zum Teil hat dies mit dem ursprünglichen Bedürfnis zu tun, der oberste Primat zu sein. Nur das Alpha-Männchen bekommt das Weibchen, und nur seine Gene werden an die nächste Generation weitergegeben. Und wenn auch die soziale Organisation von Menschen differenzierter ist als die von Affen, lauert in uns doch immer noch das Konkurrenzdenken, das uns drängt, «der Beste» zu sein, und uns unzulänglich fühlen lässt, wenn wir glauben, nicht genug erreicht zu haben. Wenn wir uns ständig antreiben, die nächste und auch die übernächste Prüfung zu schaffen, sind wir nie in der Gegenwart. Wir betrachten nie den gegenwärtigen Moment und sagen: «Genau jetzt will ich hier sein, so wie ich bin.» Achtsamkeitsübungen werden Sie nicht daran hindern, Ziele und Ambitionen zu verfolgen, aber sie werden Ihnen ermöglichen, regelmäßige «Auszeiten» vom Angetriebensein zu nehmen.

Verbesserungen

Den größten Teil unseres Lebens bringen wir damit zu, etwas zu verbessern. Zum Teil ist dies ein kreativer Drang, und zum Teil entspringt es der ungeheuren Intelligenz, die die Menschen seit jeher nutzen, um das Leben zu vereinfachen. Von der Erfindung des Rades bis hin zum Staubsauger, vom Streichholz zur Pockenschutzimpfung – der menschliche Verstand liebt Problemlösungen. Und wenn wir in unserem persönlichen Leben auch nichts Revolutionäres erschaffen können, ist unser Impuls doch derselbe: *Wenn ich noch etwas Salz dazutue, wird die Suppe dann besser schmecken?* Zugrunde liegt diesem ständigen Verbessern-Müssen das Gefühl, die Dinge sind so, wie sie sind, nicht ganz in Ordnung. Diese ewige Unzufriedenheit bewirkt, dass wir immer zu tun haben, immer gerade etwas bauen, umbauen oder anpassen. Unsere Gewohnheitsenergie hierbei ist so stark, dass etwas tief in unserem Innern es als nicht nützlich oder überhaupt als möglich annehmen kann, wenn das Achtsamkeitstraining vorschlägt, *die Dinge so zu nehmen, wie sie sind.*

Verlangen

In den traditionellen Büchern über Meditation werden «sinnliche Gelüste» als eines der Haupthindernisse für Mönche aufgeführt. In zweitausend Jahren hat sich nicht viel verändert, nur dass in unserer Konsumgesellschaft jetzt die recht verbreitete Haltung herrscht, wir hätten das Recht, jedes auftretende Verlangen *sofort* zu befriedigen. Wenn wir Lust auf Eis haben, gehen wir raus und holen uns eins. Das Gleiche scheint auch für Sex zu gelten. In unserer Gesellschaft verlieren wir leicht aus den Augen, was gut für uns wäre, sowohl für den Einzelnen als auch für die Gemeinschaft als Ganzes. Stattdessen verbringen wir die Zeit nur damit, uns zu besorgen, was wir wollen, ohne viel Nachdenken, wie sich dies auf andere auswirken könnte. Verlangen ist in erster Linie selbstsüchtig, und unsere Selbstsucht wird zum Thema, wenn es um Achtsamkeitspraxis geht – und zwar, weil das Verständnis des «Selbst», das durch die Übungen entsteht, so grundlegend anders ist und die «Selbstsucht» unterminiert. Ich möchte vielleicht wirklich sehr gerne ein Schokoladeneis, aber mich ins Auto zu setzen bedeutet, die Luft zu verpesten, die wir alle atmen. Die Kühe, von denen die Milch kommt, geben riesige Mengen Methangas in die Luft ab und erhöhen so die Treibhausgase und die Klimaerwärmung. Die Menschen in der Eisfabrik haben vielleicht für ihre Arbeit bei Minusgraden einen Null-Stunden-Vertrag. Und dann sind da noch die Bauern in Afrika, die einen Hungerlohn für ihren Kakao erhalten. Wenn ich anfange, mir das Gesamtbild von «Schokoladeneis» anzusehen, dann muss mein Appetit auf seine reiche, süße Cremigkeit gegen all die damit verbundenen ethischen Implikationen abgewogen werden. Deshalb wird das Selbst, das die sinnlichen Wünsche befriedigen möchte, gegen diese umfassendere Perspektive ankämpfen – denn die würde verlangen, den ganzen Abend ohne Eis zu überstehen.

Immer vernetzt sein

Heutzutage gibt es Versuchungen, die man sich vor zweitausend Jahren noch nicht einmal vorstellen konnte. Wir haben Smartphones und Tablets, die uns überallhin begleiten, jeden Moment des Tages. Man kann uns anrufen, SMS schicken, E-Mails schreiben und sogar mit uns twittern. Und man erwartet von uns, dass wir sofort antworten. Wer Kinder im Teenageralter hat, weiß: Wenn man sie bittet, für die Dauer einer Mahlzeit ihre elektronischen Geräte auszumachen, ist es beinahe so, als verlange man von ihnen, nicht mehr zu atmen. Unsere Telefone, die uns jetzt ermöglichen, im Netz zu surfen und zu navigieren, sind so stark zur Sucht geworden, dass es für einige eine ernsthafte Herausforderung bedeutet, sie über Nacht auszuschalten, um zu schlafen.

Hier eine beängstigende Tatsache: *Um Achtsamkeitsübungen zu machen, müssen Sie Ihr Telefon abschalten.* Um sich mit der realen, dreidimensionalen Welt um Sie herum zu verbinden – den Bäumen, den Vögeln, dem Himmel, dem Wind und Ihrem eigenen Atem –, müssen Sie sich von der virtuellen Welt Ihres zweidimensionalen Bildschirms lösen. In einem Achtsamkeitskurs ist das die einzige richtige «Regel»: Schalten Sie Ihr Handy aus. Für viele im Kurs ist es das erste Mal, dass sie nicht den ganzen Tag an ihr virtuelles Netzwerk angeschlossen und nicht sofort erreichbar sind. Sobald sie jedoch erst einmal die anfängliche Unsicherheit überwunden haben, erweist sich die Loslösung von der virtuellen Welt und das langsame Einstellen auf das einfache Hiersein als ein unerwartetes Vergnügen und bedeutet ein wirkliches Einlassen auf einen entspannteren Zustand.

Die achtsame Herangehensweise an Anhaftungen

Jeder von uns hat seine eigenen ganz besonderen Anhaftungen. Deshalb fangen wir am besten, wie immer, mit dem Wahrnehmen an. Es gibt einige Dinge in unserem Leben, wie etwa Essen und Schlaf, die wir wirklich brauchen, um zu existieren. Aber es mag andere Dinge geben, von denen wir glauben, dass wir sie brauchen oder besitzen wollen – und diese Vorstellung verursacht Leiden. Nehmen Sie sich ein bisschen Zeit, um darüber nachzudenken und vielleicht eine Liste von all den Dingen zu machen, von denen Sie glauben, nicht auf sie verzichten zu können.

Es ist ein faszinierender Aspekt bei solchen Anhaftungen und Wünschen, dass die meisten von ihnen uns in Richtung Zukunft ziehen. Wir versuchen, etwas zu bekommen (Haus, Job, Partner, Glück), was wir im Moment nicht haben. Was wir jetzt haben, ist nicht genug; wir glauben, dass wir erst zufrieden sind, wenn wir eine bestimmte Sache besitzen, an irgendeinem Punkt in der Zukunft. Mit Sicherheit kennen Sie diese Erfahrung: Schließlich bekommen Sie das Objekt oder befinden sich in der Situation, die Sie herbeigesehnt haben, nur um von einer neuen Aufwallung des Gefühls überschwemmt zu werden, dass dies doch nicht genug sei. Das Streben hat kein Ende.

Nehmen Sie sich jetzt einen Moment und lassen die Gedanken auf andere Weise in die Zukunft wandern. Stellen Sie sich vor, Sie nähern sich dem Ende Ihres Lebens. Wenn Sie auf all das zurückblicken, was Sie getan und erreicht haben, was ist dann wirklich wichtig für Sie? Ein Paar Schuhe, die Sie sich gekauft haben, oder ein Auto? Ist es Ihr Aussehen, oder wie viel Geld Sie verdient haben? Oder ist es die Qualität Ihrer Beziehungen, die Momente, in denen jemand freundlich zu Ihnen war, die Zeit, die Sie intensiv mit Ihren Lieben verbracht haben? In Fühlung zu sein mit dem, was wir wirklich wertschätzen, und zu wissen, was uns eigentlich glücklich macht, sind hilfreiche Anhaltspunkte, wenn es darum geht, Dinge loszulassen, die wir nicht wirklich brauchen. Das setzt Zeit und Energie frei, die wir auf andere Weise nutzen können – sodass wir auf einer tieferen Ebene genährt und gestärkt werden.

Um uns von der zwanghaften Jagd nach immer mehr zu lösen, brauchen wir nur unsere Aufmerksamkeit auf die Gegenwart zu richten; und dadurch fangen wir an, all das zu schätzen, was wir um uns herum haben. In diesem Hinwenden zu dem, was ist, statt zu einer phantasierten Zukunft, beginnen wir zu verstehen, dass wir erstaunlich wenig benötigen, um uns gut und glücklich zu fühlen. Hier ist noch ein wundervolles Geheimnis: Glück entsteht nicht dadurch, etwas zu bekommen, sondern durch Gegenwärtig-Sein. Sobald wir dies verstehen, nimmt das Leiden – verursacht durch das Gefühl, dass zu viel zu tun ist, dass es nicht genug Zeit gibt und so weiter – deutlich ab. Das heißt nicht, dass wir keine Verantwortlichkeiten oder Träume mehr haben, aber es bedeutet, wir können lernen, leichter mit ihnen umzugehen, wie Rumis Gedicht «Wer verändert das?» nahelegt:

Wer verändert das?
Ich schieße einen Pfeil nach rechts,
Er landet links.
Ich jage ein Wild und werde am Ende
Verfolgt von einem Schwein.
Ich schmiede Pläne, um zu bekommen, was ich will,
Und ende im Gefängnis.

Ich grabe Gruben, um andere zu fangen,
Und falle selbst hinein.
Ich sollte vorsichtig sein mit dem,
Was ich will.[2]

Eine neue Beziehung zur Zeit erschaffen

Die übliche Betrachtungsweise der Zeit (nämlich, dass es nicht genug davon gibt) ist natürlich ein Hindernis für die Übungen. Durch das Praktizieren von Achtsamkeit kann sich jedoch eine andere Beziehung zur Zeit entwickeln. Als Erstes erkennen wir, dass die Zeit dehnbar ist. Wenn wir die Empfindungen des Atmens genießen, können sich ein paar Momente wie eine weite Oase anfühlen, die den ganzen Rest des Tages verändert. Auf der anderen Seite können uns dreißig Minuten wie eine Ewigkeit vorkommen, wenn wir unter Schmerzen leiden. Die Zeit erscheint jedes Mal anders, wenn wir Übungen machen – und diese Unterschiede entstehen letztlich durch unseren mentalen Zustand. Bei einer Abneigung gegen etwas kriecht die Zeit zu langsam dahin (mein Gott, wann ist das endlich vorbei?). Wenn wir etwas tun, was uns wirklich Spaß macht, scheint die Zeit vorbeizurasen – denn wir möchten, dass die angenehme Erfahrung nicht aufhört.

Wenn wir wirklich präsent sind, entdecken wir tatsächlich, dass die Zeit gar nicht existiert. Wir sind einfach da. Der gegenwärtige Augenblick fühlt sich an, als ob die Uhren aufgehört hätten zu existieren – wenn wir uns gestatten, ihn voll zu erleben. Im Grunde ist es überhaupt kein Augenblick: Es ist ein ausgedehntes, zeitloses, offenes Feld. Wie der spirituelle Lehrer Krishnamurti sagte: «Zu meditieren heißt, unschuldig an der Zeit zu sein.»

Deshalb sollten Sie, wenn Sie erst einmal ein wenig Sicherheit im Praktizieren von Achtsamkeitsmeditation erlangt haben, dieses radikale Experiment ausprobieren: Nehmen Sie Ihre Uhr ab, schalten Sie das Telefon aus und setzen Sie sich zum Meditieren hin – ohne eine gesprochene Anleitung oder eine Stoppuhr als Stütze. Setzen Sie sich im gegenwärtigen Moment hin und lassen Sie Ihr Erleben sich ohne Druck durch das Konstrukt der «Zeit» entfalten. Machen Sie sich keine Gedanken darüber, wie lange Sie sitzen: Zeit spielt einfach keine Rolle. Bleiben Sie so sitzen, bis das Gefühl aufkommt, dass die Übung abgeschlossen ist. Machen Sie sich keine Gedanken darüber, wie lange die Meditation gedauert hat – Zeit ist eine unnötige Erfindung, als ob man einer Schlange Beine verpassen wollte. Danach gönnen Sie sich eine Tasse Tee und vielleicht einen Blick in die Natur. Es gibt nichts, weshalb Sie sich beeilen müssten, und nichts weiter, was Sie brauchen.

8. Abneigung

Kahle Äste, braunes Schilfgras – nichts bewegt sich in dieser Winterluft. Nicht einmal ein Vogelzwitschern.

Die in diesem Kapitel aufgeführten Hindernisse stellen die verschiedenen Arten dar, wie wir versuchen, die Achtsamkeitspraxis zu vermeiden – oder auch alles andere in unserem Leben, vor dem wir uns drücken wollen. Abneigung hat viele subtile Arten, sich zu zeigen, und erscheint manchmal in einer völlig anderen Verkleidung.

Unruhe

Unruhe ist eine wunderbar effektive Form der Vermeidung. Wenn man körperlich nervös oder aufgeregt ist, ist der Body-Scan oder die Sitzmeditation wirklich schwierig. Gewöhnlich entsteht die Unruhe zu Beginn der Übungen und nimmt später langsam ab, wenn wir uns in die Übungen vertiefen. Dann wiederum kann sie einen plötzlich nach 15 oder 20 Minuten überfallen, sodass wir das Gefühl haben, wir *müssen* aufhören, aufstehen und herumlaufen. Zum Teil ist das Gewohnheitsenergie: Der Körper ist nicht an längere Ruhephasen gewöhnt, während wir wach sind. Zum Teil ist es auch die Unruhe der Gedanken: Da kommt uns etwas von unserer «To-do-Liste» in den Sinn, und es erscheint uns plötzlich ganz wichtig, dies genau jetzt zu erledigen – auch das ist Gewohnheitsenergie. Auf einer tieferen Ebene will etwas in uns nicht vom «Tun» loslassen: Wir ahnen, wenn wir tiefer in die Übungen hineingehen, werden wir vielleicht langsam in einen Zustand des «Seins» geraten. Da dies unbekanntes Terrain ist und jenseits der Kontrolle unseres Macher-Bewusstseins liegt, produziert dieser Teil häufig Unruhe als eine Strategie, um wieder Kontrolle zu erlangen. Unruhe ist ein Fluchtweg, und wir müssen sie als das sehen, was sie ist – als eine Form der Abneigung –, um zu wissen, wie wir geschickt damit umgehen können.

Langeweile

Langeweile ist eine häufige Entschuldigung. Wie oft behaupten Kinder, etwas in der Schule sei langweilig? Wenn etwas langweilig ist, warum sollte man sich dann damit beschäftigen? Langeweile ist eine Art des gedanklichen Abschaltens, fehlendes Bemühen, etwas zu verstehen. Es ist auch eine Art Abwehrmechanismus, wenn wir befürchten, etwas nicht zu verstehen. Statt zu sagen: «Ich habe dieses Thema in Mathematik nicht verstanden», erklären wir: «Das war langweilig.» Auf diese Weise haben wir nicht den Schwarzen Peter – wir suchen lieber die Schuld in einem äußeren Umstand (dem Mathematik-Thema) als bei uns.
Bei Achtsamkeitsübungen kommt für jeden einmal Lange-

weile auf. Es ist unglaublich beruhigend, sich das klarzumachen. Zu lernen, mit der Langeweile umzugehen, ist im Grunde ein Teil der Übungen. Es ist fast immer ein Zeichen, dass wir in unserer Praxis mehr in die Tiefe gehen müssen. Das heißt, dass es nicht genug ist, während des Body-Scans auf die Anweisungen zu hören *(und nun einfach nur den Atem fühlen, wie er in den Körper kommt und ihn wieder verlässt)*. Wir müssen *wirklich* den Atem erfahren – diesen Atem, so wie er jetzt ist, in diesem Moment. Dies erfordert eine gewisse innere Einstellung und auch eine gewisse Anstrengung. Langeweile ist ein Hinweis darauf, dass etwas in unserem Bemühen nicht stimmt.

Angst

Oft steckt Angst hinter der Fassade von Langeweile oder von Unruhe. Wir wollen vielleicht nicht üben, weil wir uns Gedanken darüber machen, was hochkommen könnte, wenn wir innehalten und uns auf die Gegenwart konzentrieren. Das passiert oft, wenn etwas unterdrückt wurde – wenn unsere Bewältigungsstrategie bisher darin bestand, schwierige Ereignisse oder Emotionen einfach auszublenden. Achtsamkeit und Verdrängung lassen sich so wenig vermischen wie Öl und Wasser: Es funktioniert nicht. Mindfulness – die bewusste Aufmerksamkeit – lädt uns dazu ein, uns allem zuzuwenden, was auch immer auftaucht, und in der Meditation wird schließlich so gut wie alles in unserer Psyche an die Oberfläche kommen.

Wir können uns nicht wirklich aussuchen, was wir ins Licht unseres Bewusstseins aufnehmen wollen und was nicht. Wir müssen bereit sein, alles anzunehmen, was erscheint, selbst wenn es uns Angst macht. Deshalb werden die Übungen Ängste auslösen, solange wir entschlossen sind, vor einigen Aspekten unseres Lebens die Augen zu verschließen. Hier ist eine Geschichte, die dieses Problem veranschaulicht.

Bei einer Kursteilnehmerin wurde kurz nach der Anmeldung für den Achtsamkeitskurs eine schwere Krankheit diagnostiziert. Die Krankheit verursachte körperliche Symptome, und jedes Mal, wenn sie den Body-Scan durchführte, nahm sie diese Empfindungen verstärkt wahr. Da sie sich in einem solch frühen Stadium der Auseinandersetzung mit der Diagnose befand, war ihr Impuls, diese so weit wie möglich zu ignorieren – doch wenn sie die Übungen machte, gelang ihr das nicht. Und das Bewusstsein dieser Empfindungen ließ sie darüber nachdenken, wie die Krankheit sich entwickeln und wie sie immer weniger in der Lage sein würde, ein unabhängiges Leben zu führen. Sofort danach spürte sie Wut darüber, wie ungerecht das sei. Die Übungen brachten sie in Kontakt mit körperlichen und psychologischen Zuständen, denen sie sich nicht stellen wollte.

Mindfulness verlangt, die Dinge so zu nehmen, wie sie sind, aber wenn sie Wut, Schmerzen und Angst auslösen, lässt sich leicht nachvollziehen, dass Ablenkung und Leugnen als willkommene Optionen erscheinen. Für diese bestimmte Teilnehmerin war der Zeitpunkt des Kurses nicht richtig. Wenn wir jedoch langfristig versuchen, Schmerz zu vermeiden, wird das Leben enger, angstvoller und anstrengender. Sich dem Leiden zuzuwenden, ist nicht einfach, aber es ermöglicht letzten Endes einen angenehmeren Weg, wie es die Geschichte von Ali deutlich macht:

Ich ging wegen meiner Ängste zu einem Mindfulness-Kurs. Ich stand im Job sehr unter Druck, und ich war an einem Punkt angelangt, an dem mir alles immer mehr Angst machte. Ich hatte sogar Panikattacken.
Als ich zu meditieren begann, wurde ich mir dessen, was ich fühlte, stärker bewusst – des schrecklichen körperlichen Angstgefühls –, sodass es aussah, als würde alles noch schlimmer werden. Ich weiß nicht genau, wie ich es schaffte weiterzumachen, aber ich entdeckte, dass ich mich, wenn ich die ganzen dreißig Minuten sitzen blieb, am Ende ruhiger fühlte. So, als ob die Lautstärke der Angst erst einmal hoch- und dann wieder heruntergedreht wurde. Es war eine Art Prozess. Als ich diesen Prozess verstanden hatte, war ich eher bereit, die starken Gefühle, die hochkamen, auszuhalten – weil ich wusste, sie würden vorbeigehen und ich würde mich anschließend besser fühlen.

Alis Erfahrung lehrt uns etwas Wichtiges: Zur Mindfulness gehört es, schwierige Emotionen zuzulassen. Ali versuchte nicht mehr, die Angst zu vermeiden, sondern akzeptierte sie. Wenn wir den Mut aufbringen können, diesen Prozess anzunehmen, löst sich das auf, was uns Sorgen macht.

Indem wir unsere Angst überwinden, befreien wir die Gedanken und Emotionen, die wir für zu schwierig hielten. Achtsamkeit ermöglicht uns, dies auf eine sanfte Art zu tun, einen Atemzug nach dem anderen, in dem Wissen, dass wir das Fundament haben, in jedem Moment gegenwärtig zu sein und dabei stabil und sicher zu bleiben.

Die Angst, dass alles zusammenbricht

Es gibt Zeiten im Leben, in denen wir alles nur gerade eben so schaffen – so, als ob wir mehrere Bälle in der Luft jonglieren und Angst haben, dass alles um uns herum zusammenbricht, wenn wir nur einen Moment lang innehalten. Während dieses diffizilen Balanceakts sich die Zeit für Achtsamkeitsübungen zu nehmen, erscheint sicher als eine riskante Strategie: *Wenn ich aufhöre – oder auch nur eine Pause mache –, läuft hier wahrscheinlich gar nichts mehr.* Gerade diese Möglichkeit macht uns besonders Angst, wenn wir einige der Bälle, mit denen wir die ganze Zeit jonglieren, überhaupt nicht mögen (vielleicht den «Job»-Ball). *Wenn ich aufhöre, werde ich dann tatsächlich auch wieder anfangen können?* Es besteht die reale Gefahr, dass man weglaufen und ein paar der Bälle auf dem Boden liegen lassen möchte.

Ein Teil dieses Problems liegt darin, dass der Wunsch, sich weniger gestresst zu fühlen, mit der Weigerung einhergeht, irgendwelche Veränderungen vorzunehmen. Durch die Achtsamkeitsübungen wird es Veränderungen geben. Es ist unausweichlich, dass unsere Wertschätzung, unsere

Beziehungen, unsere Prioritäten sich weiterentwickeln, wenn wir wirklich anfangen, unser Leben und die Art und Weise, wie wir es führen, wahrzunehmen.

Mindfulness ist zum Teil ein Prozess, mit sich Freundschaft zu schließen: zu beginnen, unsere innere Stimme ernst zu nehmen und auf sie zu hören. Diese Stimme wird so oft von all der äußeren und inneren Geschäftigkeit übertönt. Wenn wir den Mut entwickeln, ruhig dazusitzen und nur bei uns zu sein, ist es uns möglich, die Aspekte unseres Lebensstils wahrzunehmen, die uns – und der Welt – nicht guttun. Noch einmal: Wir brauchen Mut, um uns auf diese Bewusstheit und die Unannehmlichkeiten, die sie mit sich bringt, einzulassen, ohne uns abzuwenden oder sie zu ignorieren, wie die folgende Geschichte zeigt.

Diese Teilnehmerin bezeichnete sich selbst als eine «Dame der besseren Gesellschaft», als die sie auch viele Jahre lang lebte. Dann hatte ihr Mann einen Herzinfarkt, und sie musste ihn pflegen und gleichzeitig ins Arbeitsleben zurückfinden, um die Familie durchzubringen. Sie redete schnell, sie ging schnell, sie machte alles hastig und konnte kaum schlafen, weil sie mit dem Gefühl zurechtkommen musste, dass die ganze Verantwortung für die Familie jetzt auf ihren Schultern lag. Man kann sich vorstellen, wie schwer es für sie war, das Telefon abzuschalten, und noch viel schwieriger, den Body-Scan durchzuführen! Als sie am Ende des Mindfulness-Kurses darüber nachdachte, wie die Übungen ihr Leben verändert hatten, sagte sie ganz einfach: «Ich habe gelernt innezuhalten.»

Ungeduld

Verbunden mit dem Jonglieren ist das Gefühl der Hektik. Wie kann ich 30 Minuten einfach nur stillsitzen, wenn es so viel zu tun gibt? Ungeduld oder Hektik ist eine starke Form von Gewohnheitsenergie. Sie drängt uns, schnell zu essen, schnell zu fahren, schnell Nachrichten auf dem Handy zu schreiben. Das heißt, dass wir immer in Eile sind, um zur nächsten Sache überzugehen, was wiederum bedeutet, dass wir nie wirklich präsent sind. Wirklich präsent zu sein, auf eine offene und «zeitlose» Weise, ist das Gegenmittel zur Hektik, aber es ist eine Medizin, die viele von uns nicht so gerne schlucken, weil wir so getrieben sind. Hektik kann uns das Gefühl vermitteln, wichtig zu sein, und uns eine quirlige, adrenalinhaltige Energie liefern, die höchst verführerisch ist. Doch gehetzt und geschäftig zu sein, wird leicht zum Selbstzweck – statt ein Mittel, um wirklich etwas Lohnendes zu erreichen.

Rebellentum

Jeder hat schon einmal erlebt, dass jemand, der Macht besaß, uns dazu gezwungen hat, etwas zu tun, was unvernünftig erschien. Vielleicht war es ein Lehrer, ein Elternteil, ein Vorgesetzter. Vielleicht wurden wir für etwas bestraft, was wir nicht getan hatten. Vielleicht war diese Autoritätsperson total gestresst und ließ es an uns aus. Diese Erfahrung lässt uns womöglich mit dem Gefühl zurück, *ich hasse es, wenn man mir sagt, was ich tun soll.* So mag ein Lehrer uns vielleicht zu etwas auffordern, was uns normalerweise Spaß machen würde, aber weil es sich wie ein Befehl anfühlt, lehnen wir uns dagegen auf. Wir rebellieren.

Rebellion ist notwendig. Sich gegen politische Tyrannei zu erheben oder den Mund aufzumachen, wenn wir sehen, dass jemand misshandelt wird – es gibt manchmal einen moralischen Imperativ, gegen den bestehenden Zustand Front zu machen. Doch das kann, wie jeder andere Zug unseres Wesens auch, zur Gewohnheit werden. Wir können misstrauisch und ablehnend gegenüber dem werden, was jemand von uns verlangt, selbst wenn wir wissen, dass es vielleicht zu unserem eigenen Besten ist.

Der achtsame Umgang mit Abneigungen

Beginnen Sie einfach mit der Wahrnehmung, dass Unlust da ist. Bewertungen können diese «Ich mag nicht»-Gefühle begleiten – etwa wie «Ich sollte nicht so empfinden» oder «Ich hasse es, unruhig und gelangweilt zu sein» (Abneigung gegenüber der Abneigung). Blicken Sie tiefer und sehen Sie, ob etwas unter der Oberfläche dieser Abneigung liegt. Hinter Unruhe lauert vielleicht Angst; Wut und Ärger können hinter Langeweile stecken. Was auch immer Sie entdecken – genau so ist es jetzt. Denken Sie daran, eines der großen Geschenke der Achtsamkeit ist die Konzentration auf das, was ist.

Wenn wir unsere Abneigung jedoch genauer betrachtet haben, ist es nicht klug, immer weiter darüber nachzudenken. Stattdessen müssen wir einen geschickten Weg finden, auf diese Negativität zu reagieren, sodass wir uns um uns selbst kümmern können. Es geht um Folgendes: Wenn in uns Abneigung entsteht, leiden wir. Unlust, Verbitterung, Misstrauen, Hass – all das ist eine Art von innerem Gift. Sobald wir das verstehen, wird deutlich, dass wir eine besondere Behandlung brauchen. Eine der besten Arten, mit diesen Giften umzugehen, ist die Praxis der Liebende-Güte-Meditation.

Liebende-Güte-Meditation

Liebende-Güte-Meditation oder *metta bhavana* in Pali ist die Kultivierung von Wohlwollen und Güte. Dies kann bedeuten, die Güte auf andere zu richten, doch wenn wir Abneigungen empfinden, müssen wir zunächst Wohlwollen uns selbst gegenüber aufbringen. Wenn Ihre geistige Gewohnheitsenergie negativ und ablehnend ist, richtet sich zumindest ein Teil davon gegen Sie selbst. Tatsächlich finden die Menschen es oft schwierig, sich selbst etwas Gutes zuzugestehen. Wenn das für Sie zutrifft, dann werden Sie leicht von Groll und Abneigung überwältigt. Wichtig ist hier, dass man nach der achtsamen Beobachtung der wenig hilfreichen Gewohnheitsenergie des Geistes einen Weg findet, klug zu handeln, damit wir nicht in der Selbstkritik steckenbleiben.

Die Praxis der Liebende-Güte-Meditation ist älter als

2500 Jahre. Sie nutzt überlieferte Sätze, die die Praktizierenden im Geiste wiederholen. Dies sind Sätze wie z. B.:

Möge ich sicher und gesund sein.
Möge ich frei von Leiden sein.
Möge ich mit Freude und Leichtigkeit leben.

Halten Sie inne und lesen Sie diese Worte noch einmal. Lassen Sie sich Zeit.

Versuchen Sie es noch einmal.

Es macht nichts, wenn Sie das Gefühl haben, Sie «verdienen» es nicht, frei von Leiden zu sein, oder dass es Ihnen niemals ganz und gar gutgehen wird – oder wenn sich Freude völlig unerreichbar anfühlt. Es kommt nur darauf an, dass Sie diese Worte im Geiste wiederholen.

Wenn wir Freundlichkeit uns selbst gegenüber praktizieren, führt dies zu einer anderen Art von Gedanken. Um das zu veranschaulichen, hier eine hilfreiche Analogie:

Stellen wir uns vor, dass ich eine Freundin besuchen will, die auf der anderen Seite eines großen Weizenfeldes lebt. Ich laufe durch den Weizen, schlage mir einen Weg frei, bis ich an ihrem Haus ankomme. Nehmen wir an, ich will den Besuch am nächsten Tag wiederholen. Dann werde ich den gleichen Weg nehmen, weil es einfacher ist, den bereits freigemachten Weg zu gehen, als sich einen neuen zu bahnen. Unser Gehirn ist ein bisschen wie das Weizenfeld: Wenn wir das erste Mal einen Gedanken denken (möge ich gesund sein), kostet das einige Mühe, weil wir ihn noch nie zuvor gedacht haben. Doch wenn wir den Gedanken wiederholen, wird er ein bisschen geläufiger. Beim Sprachenlernen geht es uns genauso: Zu Anfang ist es schwierig, sich daran zu erinnern, wie man um eine Tasse Tee bittet, aber je häufiger wir es tun, desto mehr Sicherheit erlangen wir und desto einfacher wird es, bis es sich schließlich ganz natürlich anfühlt.

Im Gehirn werden die Nervenbahnen der Gedanken, die wir immer und immer wieder denken (ob es nun «es möge mir gutgehen» oder «ich bin ein wertloser Mensch» ist), wie breite Autobahnen: Die Gedanken reisen immer einfacher, je häufiger wir sie wiederholen.

Deshalb schaffen wir uns in der Liebende-Güte-Meditation einen neuen Weg durch das Gehirn. Wir ersetzen einen negativen Gedanken *(diese Meditation ist langweilig)* durch einen anderen *(möge ich mit Freude und Leichtigkeit leben)*. Durch die Wiederholung wird diese neue Denkweise «eingegraben». Bei Abneigung ist das reine Nachdenken darüber, wie sehr wir etwas nicht mögen, nicht hilfreich. Und so gibt es hier ein weiteres Schlüsselgeheimnis im Umgang mit Abneigung: Wir müssen die kluge Entscheidung treffen, unsere eingefahrenen Wege zu ändern – sowohl die in unseren Gedanken als auch die in unserem Leben.

Mehr zur Liebende-Güte-Meditation siehe Seite 149 ff. in Kapitel 15.

9. Depression

Heute Morgen auf dem Weg zur Hütte, plötzlich etwas im Unterholz – in Form und Farbe wie ein Stück alter Kleidung. Dann die Erkenntnis, dass es ein Fuchs ist, ein Fuchs, der hier im Garten lebt. Sein Körper ist leblos und eins seiner Ohren zerkaut. In den Sommermonaten hatten wir den Garten miteinander geteilt, ich im Schatten und er in der Sonne sitzend, nur ein paar Meter voneinander entfernt. Er gewöhnte sich so sehr an die Anwesenheit eines Menschen, dass er einschlief, während ich dort saß. Ich konnte am Geruch merken, ob er in der Nähe war – und wahrscheinlich spürte er mich auf die gleiche Weise. Wir kannten uns, auf diese seltsame, magische Weise, auf die man ein wildes Tier kennen kann. Und nun ist er tot.

Eine Depression bringt viele Menschen dazu, mit Mindfulness zu beginnen, um einen Rückfall zu verhindern. Doch sie ist auch ein Hindernis, denn wenn wir deprimiert sind, fehlt uns die eigentliche Motivation für die Übungen.

Depressionen sind kompliziert. Sie sind sogar so kompliziert, dass man sie nicht genau kategorisieren kann. Sie haben auf jeden Fall mit Abneigung zu tun, aber sie sind mehr als ein schwacher Gemütszustand. Sie produzieren ebenfalls ungünstige Einstellungen (siehe Kapitel 10), aber sie sind mehr als nur die negativen Gedanken, die wir gegen uns selbst hegen. Depressionen sind etwas Physiologisches (geringer Serotoninwert im Gehirn), und hier gibt es häufig eine genetische Veranlagung. Sie beeinträchtigen unseren Körper – die Lethargie, die Depressionen mit sich bringen, ist mit Sicherheit sowohl körperlich als auch mental bedingt. Die Hoffnungslosigkeit fühlt sich an, als ob jede einzelne Zelle im Körper befallen wäre.

Eine Depression kann nach einem Schock oder einem Trauma oder Mangel an Sonnenlicht auftreten, aber sie kann auch völlig ohne einen klaren Grund entstehen. Die meisten von uns werden sich hin und wieder deprimiert fühlen, also ist das vielleicht ein ganz normales menschliches Erleben wie Freude, Wut oder Hunger. Doch das Problem bei der Depression ist, dass sie für manche alles dermaßen lahmlegt, dass das normale Leben wochen- oder sogar monatelang zum Stillstand kommt. Und schlimmer noch, wenn man einmal eine Depression hatte, ist es wahrscheinlich, dass sie einen wieder heimsucht.

An dieser Stelle ist es vielleicht sinnvoll, Depression zu definieren. Ärzte sagen, dass man eine Depression hat, wenn in den letzten zwei Wochen fünf oder mehr der folgenden Symptome bestanden haben:

- sich die meiste Zeit des Tages deprimiert oder traurig fühlen,
- weniger Interesse oder Freude an den normalen täglichen Beschäftigungen,
- Gewichtszunahme/-abnahme oder erhöhter/verringerter Appetit,

- Schlafprobleme während der Nacht oder Schlafbedürfnis während des Tages,
- sich während des Tages «verlangsamt» oder unruhig fühlen,
- Gefühle der Wertlosigkeit oder erdrückende Schuldgefühle,
- Schwierigkeiten, sich zu konzentrieren oder zu denken, Unentschiedenheit,
- wiederkehrende Gedanken an Selbstmord oder an den Tod.[3]

Die Forschung legt nahe, dass Achtsamkeitsübungen mindestens genauso hilfreich sind wie Medikamente, wenn es darum geht, einen Rückfall oder eine Depression zu verhindern, sofern man bereits drei oder mehr Anfälle erlitten hat. Dies wirft eine interessante Frage auf: Warum muss man mindestens drei depressive Phasen erlebt haben, damit Achtsamkeit auf diese Weise nützen kann? Diese Frage kann vielleicht durch das folgende Schaubild einer Spiralbewegung beantwortet werden.

Wenn Sie sich dieses Schaubild ansehen, stellen Sie sich vor, dass die Spirale Ihr Leben repräsentiert, wie es sich vom Zentrum (Ihre ersten Erfahrungen oder Erbanlagen) nach außen bewegt. In bestimmten Abständen in Ihrem Leben treffen Sie auf die gerade Linie. Wenn Sie sich vorstellen, dass die gerade Linie eine depressive Veranlagung darstellt, dann erleben Sie jedes Mal, wenn Ihre Spirale auf diese Linie trifft, eine Depression. Aber weil die Spirale sich ausdehnt, verändert sich jedes Mal Ihre Perspektive auf die

Abbildung 1: Lebensspirale und Phasen der Depression

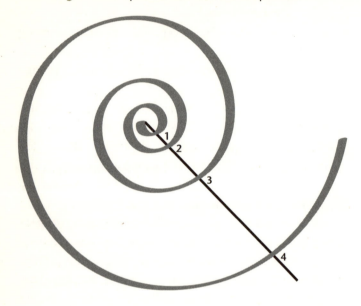

depressive Episode; Sie entwickeln mit anderen Worten eine weitere Sicht. Mit der Zeit werden Sie damit vertraut: Sie kennen die Anzeichen, und Sie wissen, dass es sich um eine bestimmte Zeitspanne handelt. Doch wenn Sie eine Depression nur einmal erlebt haben, haben Sie einfach diese Sichtweise nicht. Das Gleiche gilt für alle Situationen, die kommen und gehen: Unser Verständnis dafür und unsere Beziehung dazu verändern sich jedes Mal, wenn wir sie erfahren.

Wann man einen Achtsamkeitskurs belegen sollte

Wenn Sie an Depressionen leiden und Mindfulness ausprobieren möchten, stehen Sie vor dem Problem, nicht zu wissen, wann Sie überhaupt anfangen sollten. Mit etwas Neuem zu beginnen, während Sie sich gerade in einem tiefen Tal befinden, ist gar nicht möglich. Wenn es schwer ist, aus dem Bett zu kommen, wäre es unvernünftig anzunehmen, dass Sie einen neuen Kurs besuchen sollten oder die Energie aufbringen können, mit Meditation anzufangen. Daher besteht bei einer Depression eine ausweglose Falle: Achtsamkeit würde Ihnen wahrscheinlich guttun, aber Sie sind nicht in der Lage dazu. Wenn Sie in Ihrem Leben häufig von einer Depression heimgesucht werden, müssen Sie einen Mindfulness-Kurs zu einer Zeit arrangieren, in der Sie nicht völlig am Boden sind.

Doch was ist, wenn Sie schon eine Weile die Übungen machen und dann die Depression wiederzukehren droht? In diesem Fall müssen wir als Achtsamkeitspraktizierende unser Bestes an Fähigkeiten und all unser Wissen aufbieten. Zuerst einmal ist es entscheidend, die Symptome zu erkennen. Wenn wir eine Grippe haben, merken wir das am Fieber und den Schmerzen. Bei einer Depression bestehen die Symptome häufig in den Gedanken: *Achtsamkeit ist bloß noch eine Sache, bei der ich versagt habe* oder *Ich bin so nutzlos, dass mir nicht einmal Meditation helfen kann.* Sie sind nicht wahr oder hilfreich oder angenehm. Es sind nur Symptome. Das andere wichtige Symptom einer Depression ist der Motivationsverlust. *Was für einen Sinn hat es aufzustehen, um zu meditieren? Das ist doch alles sinnlos, oder?* Noch einmal, es ist äußerst wichtig, diese Sicht als ein Symptom zu betrachten statt als Realität. Normalerweise, wenn wir in guter Verfassung sind, fühlen wir uns motiviert, etwas zu tun, und dann tun wir es auch. Aber sind wir deprimiert, funktioniert dies so nicht. Stattdessen müssen wir uns selbst motivieren und uns eine kleine Übung schmackhaft machen, obwohl uns nicht wirklich danach ist. Wenn wir einmal den ersten Schritt getan haben, entsteht ein wenig Energie, und wir bemerken, dass wir uns besser fühlen. Diese Erkenntnis hilft uns, ein wenig mehr zu tun. Bei Depressionen muss die Handlung zuerst kommen, und dann erwächst die Motivation aus dieser ersten mühsamen Aktivität heraus.

Die meisten Menschen, die unter Depressionen leiden, haben hohe Erwartungen an sich selbst. Wenn sie die Übungen machen wollen, dann muss es das volle Programm sein – nur keine halben Sachen. Diese hohen Anforderungen an sich selbst sind natürlich ein Hindernis, wenn einem Energie und Motivation fehlen. Das Geheimnis bei der Arbeit mit unrealistischen Erwartungen liegt zuerst einmal darin, ihr Vorhandensein zu erkennen. Durch die Wahrnehmung können wir uns von ihnen befreien, indem wir sie in Frage stellen. *Wenn man bedenkt, wie ich mich fühle, wäre es zum Beispiel gerade jetzt vielleicht tatsächlich genug, mich einfach hinzulegen und ein oder zwei Minuten durchzuatmen.* Sind wir bereit, sanftere Alternativen in Betracht zu ziehen, verhalten wir uns uns selbst gegenüber liebevoll, und es ist diese Freundlichkeit, die uns einen gangbaren und hilfreichen Weg finden lässt.

Die gute Nachricht ist, dass im Zustand der Depression schon eine kleine Handlung einen bedeutsamen Einfluss auf unsere Stimmung und unsere Sichtweise haben kann. Hier sind ein paar Übungsvorschläge, wenn Sie deprimiert sind. Sie brauchen nicht alle Übungen zu machen – wählen Sie einfach eine aus, die Ihnen gut umsetzbar erscheint.

- Nehmen Sie ganz bewusst die drei nächsten Atemzüge wahr. Sie atmen ja bereits, also müssen Sie nur Ihre Aufmerksamkeit etwas verlagern. Indem Sie auf den Atem achten, lösen Sie sich aus der Grübelei.
- Legen Sie sich auf dem Boden auf den Rücken, mit angezogenen Knien und den Fußsohlen am Boden, sodass es sich bequem anfühlt. Legen Sie Ihre Hände auf den Unterbauch und achten Sie auf den Atem. Tun Sie dies fünf oder zehn Atemzüge lang. Danach hören Sie auf den Körper: Gibt es eine einfache Dehnung, die ihm guttun würde? Vielleicht experimentieren Sie damit, beim Einatmen die Arme hoch über den Kopf zu heben und beim Ausatmen zurück auf den Boden zu legen.
- Gehen Sie zu einem achtsamen Spaziergang hinaus. Es muss kein langer Weg sein, Sie können einfach nur bis zum Ende des Gartens oder der Straße gehen. Achten Sie auf die Umgebung und darauf, wie sich die Luft auf der Haut anfühlt, sowie auf Ihre Haltung. Wenn möglich, gehen Sie direkt auf natürlichem Erdboden – nicht auf Beton oder Asphalt. In Verbindung mit der Erde zu

sein, kann auf tiefgreifende Weise heilend wirken. Sich mit der Erde verbunden und von ihr gehalten zu fühlen, kann ein wundervolles Geschenk sein, wenn es Ihnen nicht gutgeht.

- Wertschätzung. Wo immer Sie sich befinden, egal, wie schrecklich die Umstände sind, wird es etwas geben, das Sie, wenn Sie danach suchen, wertschätzen können. Vielleicht das Sonnenlicht, eine Blume oder ein Musikstück. Vielleicht Ihre eigene Atmung. Vielleicht Ihre Hände, die es Ihnen ermöglichen, dieses Buch zu halten, oder Ihre Augen, mit denen Sie sehen. Zu lernen, kleine Dinge in unserem Leben wertzuschätzen, kann die Energie in unseren Gedanken und unserem Herzen transformieren.
- Lächeln. Dies ist eine große Aufgabe für alle Menschen mit Depressionen, aber Lächeln verändert unsere Gesichtsmuskeln und unsere Stimmung. Weil unsere Fähigkeit, dies zu genießen, unter der Depression verringert ist, kostet es Mühe, etwas zu finden, das uns zum Lächeln bringt. Vielleicht ist es der Gesang eines Vogels, eine Pflanze, ein Foto oder jemand, den wir lieben. Uns etwas Fröhlichem zuzuwenden, hilft uns, die Gewohnheit zu überwinden, uns ständig auf die negativen Aspekte unseres Lebens zu fixieren.
- Die Gedanken benennen. Wenn Sie sich nutzlos fühlen, denken Sie daran, dass dies nur ein wertender Gedanke ist. Wenn Ihr Verstand sich ständig mit einer Handlung in der Vergangenheit beschäftigt, dann denken Sie daran, dass dies nur ein Erinnern ist. Indem Sie sich die

Gewohnheitsenergie der Gedanken bewusstmachen, beginnen diese, ihre Macht zu verlieren. Vergessen Sie nicht: Gedanken sind keine Fakten, sie sind lediglich vorübergehende Schöpfungen auf den Bahnen des Gehirns. Und wir können uns für einen anderen Weg entscheiden, einfach dadurch, dass wir uns der Automatik der Gedanken bewusstwerden (mehr zum Benennen der Gedanken in Kapitel 14).

Hier ist Sallys Geschichte zur Depression:

Ich hatte viele Jahre lang, als Teenager und bis in meine zwanziger Jahre hinein, Depressionen. Es war wie ein ständig dunkelgrauer Himmel: Ich ging zur Arbeit und funktionierte meistens, aber ich fühlte mich niemals auch nur ein bisschen glücklich. Es ging immer so weiter, Jahr für Jahr für Jahr. Dann fand ich eines Tages ein Buch über Meditation und begann zu meditieren – ich kann mich nicht einmal erinnern, warum, aber irgendetwas daran leuchtete mir ein. Mehr oder weniger zur selben Zeit fing ich mit Yoga an. Ich machte nichts von alledem, um meine Depression zu «heilen», denn ich glaube, ich hatte nicht mal eine Ahnung, dass es möglich wäre, sich überhaupt anders zu fühlen. Aber innerhalb von ein paar Monaten fühlte es sich anders an. Statt wie bisher das Leben als eine elende Last zu betrachten, begann ich, die Welt wertzuschätzen. Ich fing an, Dankbarkeit zu empfinden. Tatsächlich hatte sich alles verändert. Ich begann es tatsächlich zu genießen, am Leben zu sein.

Sallys Worte erinnern uns daran, dass unsere Erfahrungen sich immer verändern – was man inmitten einer depressiven Phase leicht vergessen kann. Zu wissen, dass unsere Stimmungen vorbeigehen (denken Sie an das Bild der Spirale), ist tatsächlich ein Schlüsselfaktor, wenn man vermeiden will, von dunklen Wolken überwältigt zu werden. Hinter diesen dunklen Wolken gibt es Sonnenschein. Wir müssen uns nur einfach weiter liebevoll um uns selbst kümmern, bis die Sonne durchbricht.

10. Hinderliche Einstellungen

Kleine Tröpfchen auf diesem Blatt; in der Intimität des Nebels schwindet die Distanz.

Einige der hinderlichen Einstellungen sind im Grunde Variationen zum Thema Abneigung, aber weil sie so häufig genannt werden, wenn es um die Hindernisse bei der Achtsamkeitspraxis geht, bekommen sie hier ihr eigenes Kapitel. Die häufigsten – und die am schwierigsten zu bewältigenden – dieser nicht förderlichen Sichtweisen sind diejenigen, die uns selbst betreffen. Hier sind einige Beispiele:

- Ich bin überhaupt nicht gut bei Achtsamkeit.
- Was werden die anderen von mir denken?
- Ich mach es wohl falsch.
- Ich sollte jeden Tag üben.
- Es ist selbstsüchtig, sich Zeit zum Üben zu nehmen.
- Meine Gedanken sind hoffnungslos – sie schweifen ständig ab.
- Ich weiß schon, wie man achtsam ist.

Und dann sind da noch die hinderlichen Sichtweisen, die das Üben betreffen:

- Ich bin enttäuscht darüber, wie es läuft.
- Ich bin nicht sicher, ob es mir helfen wird. (Zweifel)
- Ich kann keine Resultate sehen.
- Das erscheint alles sinnlos.
- Ich brauche Achtsamkeit im Moment nicht wirklich.

Alle diese Ansichten enthalten Bewertungen. Entweder bewerten wir uns selbst und unser Versagen darin, fleißig genug zu üben, oder wir bewerten die Übungen. Etwas zu beurteilen, ist eine der fundamentalsten Funktionen des menschlichen Geistes: Es hilft uns, herauszufinden, was uns von Nutzen ist und was nicht. Wir beurteilen eine Situation entweder als sicher oder als riskant. Wir bewerten bestimmte Lebensmittel als gut für uns oder nicht. Das Bewerten ist eine Form der Einschätzung, die es uns ermöglicht, bei dem, was wir tagtäglich tun, Entscheidungen zu treffen. So würden Sie zum Beispiel nicht dieses Buch lesen, wenn Sie nicht irgendeine Art von Bewertung der Achtsamkeit und der Probleme, mit denen man beim Üben konfrontiert ist, vorgenommen hätten.

Warum ist es dann ein wesentlicher Teil des Mindfulness-Trainings, nicht zu bewerten? Wenn Bewertungen nützlich und notwendig sind, warum sollen wir dann auf sie verzichten?

Das erste Problem bei unseren Urteilen liegt darin, dass wir sie aus unserer Gewohnheitsenergie heraus fällen. Wir nehmen sie so schnell, so automatisch vor, dass wir kaum wissen, was passiert. Wenn wir ein positives Urteil fällen (ich mag *das*), dann ist unsere nächste Reaktion, zu versuchen, *das* zu bekommen, was auch immer es ist. Fällen wir ein negatives Urteil, bewegen wir uns in Richtung Vermeidung. Mögen und Nichtmögen sind in Wahrheit Formen eines Schwarz-Weiß-Denkens: Das ist gut, das ist schlecht. Es gibt keinen Mittelweg. Und sobald unser Urteil feststeht, sind wir für die verschiedenen Nuancen dessen, was wir beurteilen, nicht mehr offen. Wir haben es in eine Schublade gesteckt, und damit ist es erledigt. Mit anderen Worten: Das Beurteilen ist eine Form des Zumachens. Wenn Sie erst einmal etwas beurteilt haben, sind Sie nicht mehr offen und neugierig.

Der zweite Punkt bei einem Urteil ist, dass wir es für wahr halten. Wenn wir etwas erst einmal beurteilt haben, sind wir überzeugt, dass es wirklich so ist. Egal, wie viele Beweise für das Gegenteil aufkommen, bleiben wir wahrscheinlich bei unserer ursprünglichen Ansicht. Sobald also im Kopf das Urteil «Ich bin nicht gut mit Achtsamkeit» gebildet wurde, glauben wir tatsächlich daran. Wir werden all die Hinweise, die diese Ansicht bestärken, wahrnehmen und jede gegenteilige Information missachten. Das ist das eigentliche Problem bei solchen nicht förderlichen Einstellungen – nicht dass sie überhaupt entstehen, sondern dass wir sie für wahr halten. Wie der antike Philosoph Epiktet sagte: «Es sind nicht die Dinge selbst, die uns beunruhigen, sondern die Vorstellungen und Meinungen von den Dingen.»

Wenn wir jedoch das Licht der Achtsamkeit in unsere Urteile einfließen lassen, erschaffen wir eine Wahl: *Ist das wirklich so?... Vielleicht bin ich nicht ganz sicher.* Seung Sahn, der Zen-Meister, der Jon Kabat-Zinn in den USA unterrichtete, unterschrieb jeden Brief mit: «Nur Weiß-Nicht.»[4] *Nur Weiß-Nicht* ist eine wunderbare Einstellung dem Leben gegenüber – weil wir tatsächlich nicht wissen. Wir sehen niemals das ganze Bild, wir wissen nie, wie eine Geschichte begonnen hat oder wie sie enden wird. Durch die Anerkennung der Tatsache, dass wir es nicht wissen, lösen sich unsere Urteile auf, und Neugier ersetzt sie. Von der Tyrannei des Urteilens befreit, können wir beginnen, die Freude zu genießen, die entsteht, wenn wir die Welt mit neuen Augen sehen.

*Das dritte Geheimnis:
Die Wurzeln des Widerstands
verstehen*

11. Mit Widerständen arbeiten: der erste Schlüssel

Der Geruch des Waldes ruft in uns das ursprüngliche, tief verwurzelte Gefühl wach, hier hinzugehören, hier zu Hause zu sein.

Der innere Pfad

Unser Leben ist voller Aktivitäten. Und weil wir so viel tun, sind wir dann gestresst. Weil wir gestresst sind, beginnen wir mit Achtsamkeitsübungen. Und dann haben wir das Problem, wo wir sie in unseren Alltag integrieren können. Meistens werden die Übungen einfach zu einem weiteren Punkt auf der «To-do-Liste»:

- E-Mails beantworten
- Treffen mit Kollegen
- Steuererklärung
- Wäsche
- Essen kochen
- Meditation

Der Blick auf diese Liste zeigt, wie leicht es geschehen kann, dass wir gar nicht mehr bis zur «Meditation» kommen. Schließlich ist eine Geldbuße fällig, wenn wir unsere Steuererklärung zu spät einreichen, und wir alle wissen, wir brauchen saubere Unterwäsche und Essen. Das Problem ist hier, dass Meditation nicht auf eine «To-do-Liste» gehört. Auf einer Liste mit praktischen Pflichten passt sie nicht dazu.

Zur Erklärung eine Geschichte:

Plum Village ist ein großes Retreat-Zentrum im Süden Frankreichs, in dem nach den Lehren des vietnamesischen Zen-Meisters Thich Nhat Hanh praktiziert wird. Bei einem der Sommer-Retreats erzählte eine Bewohnerin des Klosters einer Gruppe von Teilnehmenden von ihrem äußeren und inneren Pfad. Ihr äußerer Pfad, sagte sie, war der des Dienens. Sie half dabei, das riesige Retreat mit Hunderten von Teilnehmern zu organisieren. Essen, Unterbringung, Arbeitsgruppen: Von fünf Uhr morgens bis zehn Uhr abends arbeiteten sie und all die anderen im Kloster unermüdlich, um für alle dort (einschließlich vieler Kinder) ein gutes Retreat zu ermöglichen. Zweifellos gab es dort eine Menge «To-do-Listen».
Doch hatte sie, wie sie erklärte, auch einen inneren Pfad. Ihr innerer Pfad war der Weg der Meditation, Bewusstheit, Reflexion, Kreativität. Ihr innerer Pfad brachte sie mit der Natur in Verbindung, wenn sie durch die Obstgärten mit den Pflaumenbäumen ging. Ohne mit ihrem inneren Pfad in Verbindung zu sein, war es nicht möglich, erfolgreich ihren äußeren Pfad zu verfolgen. Der innere Pfad war das Fundament, auf dem der äußere aufgebaut werden konnte.

Hierin liegt der entscheidende Punkt dieser Geschichte: Ihr innerer Pfad war nicht einfach ein weiterer Eintrag auf der «To-do-Liste» ihres äußeren Weges. Ihr innerer Pfad existierte auf einer völlig anderen Ebene, entsprang einem Ort tief in ihr, und nur, weil sie diesen nährte, konnte sie den schwierigen äußeren Pfad, auf dem sie sich um alle anderen kümmerte, erfolgreich bewältigen.

Wir, alle von uns, sind genauso. Wir haben den äußeren Pfad: die Wäsche, die Mahlzeiten, die Arbeit und so weiter. Aber wir haben auch einen inneren Pfad. Bei vielen von uns wird dieser Pfad so selten betreten, dass er völlig überwuchert ist und kaum noch begehbar. Deshalb kann die Mindfulness-Praxis am Anfang so entmutigend wirken. Irgendwo tief in unserem Innern ahnen wir alle, dass unser innerer Pfad da ist, doch ihn freizulegen und das Unkraut einzudämmen, sodass wir ihn benutzen können, erscheint vielleicht als eine zu große Aufgabe – besonders, wenn der äußere Pfad uns überwältigt.

Deshalb erfordert auch nur ein Schritt auf diesem Weg, dass wir uns einem tieferen Teil unseres Selbst zuwenden. Wir müssen anerkennen, dass unser innerer Weg existiert und dass wir ihn wirklich erforschen wollen. Wenn wir Achtsamkeitsmeditation praktizieren, werden wir uns dieses inneren Weges stärker bewusst. Und je mehr wir uns dieses inneren Weges bewusst werden, desto einfacher ist es zu üben.

Aber wie fängt man an, mit diesem inneren Weg Kontakt aufzunehmen?

Erinnern Sie sich an die Frage aus Kapitel vier?
Hier ist sie noch einmal:

Was ist Ihr tiefster Wunsch?

Denken Sie darüber nach. Jedes Mal, wenn Sie sich mit der Frage beschäftigen, wird wahrscheinlich etwas Neues an die Oberfläche kommen. Jede Antwort, die Ihnen einfällt, ist wie die Nadel in Ihrem ganz persönlichen Kompass: Und diese Nadel zeigt direkt auf Ihren inneren Weg.

12. Mit Widerständen arbeiten: der zweite Schlüssel

Jetzt stehe ich an dem kleinen Strom, der durch das Waldgebiet fließt. Das Wasser ist klar, schwatzend, bewegt sich schnell und erzeugt einen Tanz aus Linien und Mustern bei jedem Stein, den es umspült. Auf der Karte hat dieser Strom einen Namen, als wäre er etwas Festes. Aber nichts daran, nicht einmal sein Flussbett, ist fest. Die Wassertropfen, die gerade vorbeifließen, waren vielleicht niemals hier zuvor und kommen niemals wieder her.

Zu jeder Sekunde ist dieser Strom vollkommen neu, ein endloser Rhythmus aus Bewegung und Vergänglichkeit. Still stehen, das kontinuierliche Fließen betrachten und dem Gesang des Stroms lauschen und sich bewusstwerden, dass wir nicht anders sind. Wir scheinen fest zu sein, aber wir sind es nicht. Gedanken, Gefühle und unsere Zellen – sie fangen für einen Moment das Licht, und dann ziehen sie weiter.

Die Basis der meisten Arten von Widerstand, die wir erleben, ist etwas so Flüchtiges, dass wir es oft gar nicht wahrnehmen: unser eigenes Selbst. Oder vielleicht besser gesagt: unsere Vorstellung von uns selbst - was wir glauben, wer wir sind. Dieses Bild - unser inneres «Selfie» - ist die Geschichte, die wir als «Ich» bewahren. Dieses «Ich» hat eine Geschichte, es gibt Gründe aus der Kindheit für «mein»

Verhalten. Es hat Ängste. Es hat eine lange Liste von Dingen, die es braucht, damit «ich» mich glücklich und erfüllt fühlen kann. Dieses Selfie ist ein konstruiertes und fixiertes Bild: Es ist die Erzählung, an die wir glauben, in der «Ich» eine Person ist und der Held oder die Heldin «meiner» Geschichte, in der das Universum sich um «mich» dreht.

Doch wenn Sie anfangen, genauer hinzusehen, werden Sie feststellen, dass die Vorstellung von uns selbst als getrenntem und einzelnem Wesen nicht ganz richtig ist. Um das zu verstehen, nehmen Sie sich einen Moment und fühlen Sie das Papier in Ihrer Hand. Wenn Sie in der glücklichen Lage sind, ein richtiges Buch in der Hand zu halten, fühlen Sie die Struktur des Papiers, seine Stärke, seine Druckerschwärze. Halten Sie jetzt inne und überlegen Sie, woher dieses Papier kommt. Es stammt von einem Baum. Denken Sie daran, wie dieser Baum gewachsen ist. Er brauchte Regen, der aus Wolken fiel, und Luft und Erde und all die Organismen in der Erde, die dazu beigetragen haben, dass der Baum sich entwickeln konnte. Wenn Sie diese Seite wirklich wertschätzen, werden Sie feststellen, dass sie aus vielen Elementen entstanden ist – Baum, Wasser, Erde, Luft – und ohne diese nicht existieren könnte. Mit anderen Worten: Dieses Stück Papier hat kein getrenntes, unabhängiges Sein. Es hat eine Beziehung zu vielen anderen Dingen und existiert nur, weil sie existieren. Wir sehen normalerweise nicht zu einer Wolke hoch und denken: «Diese Wolke ist in diesem Buch», aber tatsächlich, wenn wir genauer hinsehen, verstehen wir, dass es so ist. Das Gleiche gilt für alles um uns herum und sogar für uns selbst. Wir, als Menschen, existieren nur durch unsere Vorfahren und die Erde, die unsere Nahrung produziert, das Wasser in unseren Flüssen, das wir trinken, und die Luft, die wir atmen. Unsere Existenz kann tatsächlich von keinem dieser Elemente losgelöst werden – wir brauchen sie alle, um uns am Leben zu erhalten. Wenn wir also in unser Innerstes schauen, wenn wir wirklich hinschauen, dann sehen wir dort unseren Familienstammbaum und auch die ganze Erde. Wir sind abhängig von Elementen, die offensichtlich «nicht ich» sind, und wir bestehen vollständig aus ihnen. Daher ist unsere Vorstellung, dass wir getrennt vom Rest wären, «eine Art optische Täuschung unseres Bewusstseins», wie Albert Einstein sagte.

Die historische und die letzte Dimension

Jeder von uns ist an einem bestimmten Ort aufgewachsen, in einer bestimmten Gruppe von Menschen und mit bestimmten Begabungen und Schwierigkeiten. Wir alle sind Teil eines kulturellen Paradigmas, das unsere Perspektive auf uns selbst und die Welt beeinflusst. Der vietnamesische Zen-Meister Thich Nhat Hanh nennt dies «die historische Dimension». Das einzige Problem mit dieser historischen Dimension ist, dass wir uns meistens vollkommen mit ihr identifizieren und nicht mehr sehen können, dass sie nicht unsere ganze Existenz ausmacht. Es gibt noch eine andere, weitere Dimension, in der wir leben: Thich Nhat Hanh nennt sie «die letzte Dimension».

Die letzte Dimension enthält die historische «Geschichte meiner selbst»-Dimension in sich, aber sie ist eine unendlich weitere Perspektive und umfasst die ganze Existenz in diesem einen zeitlosen Moment des Seins. Eine hilfreiche Analogie: Denken Sie an die Oberfläche des Meeres. Die Wellen erheben sich, wobei jede einzelne eine eigene Existenz zu haben scheint, und dann fallen sie wieder zurück unter die Oberfläche. In der historischen Dimension haben sie einen Anfang, eine Zeitspanne des Existierens, und dann ist es vorbei. Doch die letzte Dimension ist das ganze Meer, die ganze Masse des Wassers. Wenn die kleine Welle sich erhebt, ist sie auch Wasser. Wenn sie unter die Oberfläche zurückfällt, ist sie ebenfalls Wasser. Sie hört nie auf, Wasser zu sein. In dieser Dimension hat sie keinen Anfang und auch kein Ende. Ihre sichtbare Form verändert sich: Manchmal können wir sie sehen, und zu anderen Zeiten ist sie versteckt, aber niemals verliert sie ihr eigentliches Wesen, das Wesen des Wassers.

Auch wir existieren in der letzten Dimension, obwohl wir uns die meiste Zeit dessen nicht bewusst sind. Die meiste Zeit sind wir von unseren Geschichten und Plänen gefangen genommen, die alle Teil unserer historischen, linearen Dimension sind. Wenn wir meditieren, beginnen wir, diesen anderen, tieferen Aspekt unseres Seins zu sehen. Wir bewegen uns von unserem denkenden Geist (unserem «Selfie») zu einem offeneren Bewusstsein. Wir werden ein größeres Gefäß. Wir machen weiterhin «Selfies», aber wir betrachten sie jetzt aus einer weiteren Perspektive – der Perspektive des Bewusstseins. Von dieser Sicht aus ist das Selfie, das wir produziert haben, nicht mehr das ganze Bild. Hier befinden wir uns in einer anderen Art des Seins – einem experimentellen Modus, in dem wir die tatsächliche Realität des Gefühls, in diesem Moment am Leben zu sein, zu schätzen wissen. Auf diese Weise beginnen wir, die letzte Dimension der Existenz zu spüren. Mit anderen Worten, wir werden uns bewusst, dass wir nicht bloße individuelle Wellen der menschlichen Existenz sind: Wir sind tatsächlich Teil des ganzes Meers, wie in Abbildung 2 zu sehen ist.

Abbildung 2: Die historische und die letzte Dimension

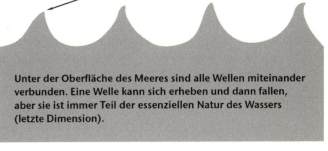

Warum ist es oft schwierig, diese weitere Perspektive einzunehmen? Weil unser Ego, unser Selfie-Selbst, die erste Geige spielen möchte. Es möchte im Mittelpunkt stehen. Es möchte unsere Gedanken und unsere Handlungen steuern. Es ist wie ein Kleinkind, dem es nicht gefällt, dass seine Mutter mit irgendjemand anderem spricht, und das deshalb in Geschrei ausbricht. Und da das Ego subtiler und raffinierter ist als ein Kleinkind (aber nicht weniger fordernd), fabriziert es Probleme: Ängste, Stress, Zweifel, Lethargie – im Grunde alles, was uns von unserem Weg abbringt und uns am Üben hindert.

Blicken Sie deshalb tiefer, wann immer ein Hindernis auftaucht, das Sie vom Üben abhält, und fragen Sie sich, ob Sie gerade Selfies machen. Machen Sie keine Bewertungen, geben Sie sich keine «Ich sollte»-Anweisungen – es genügt, wenn Sie wahrnehmen, was passiert. Selfies sind eher so wie die Szene im *Zauberer von Oz*, in der der Zauberer für Dorothy und ihre Freunde ein riesiges, angsterregendes Bild erschafft. Doch Dorothys kleiner Hund zieht den Vorhang zurück, und der wirkliche Zauberer, ein ganz normaler Mensch, wird enthüllt. Sobald wir die Realität kennen, können wir unsere Selfie-Produktion akzeptieren und gleichzeitig doch das größere Bild wahrnehmen, die tiefere Dimension, die uns mit der ganzen Welt verbindet.

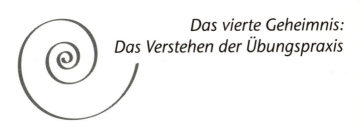

*Das vierte Geheimnis:
Das Verstehen der Übungspraxis*

13. Drei wichtige Dinge

An diesem Morgen ist die Welt verändert – durch Schnee. Weiße Pudelmützen thronen auf den Futterhäuschen. Die Fasanenweibchen, normalerweise so gut durch ihre braunen Federn getarnt, sind vor dem weißen Hintergrund gut zu erkennen; und sie scheinen sich dessen bewusst zu sein, so wie sie den Kopf seitwärts neigen, ständig mit einem Auge nach oben in den Himmel blicken und nach Raubvögeln Ausschau halten.

Vor vielen Jahren hatte mir eine Freundin dies erzählt. Sie hatte es von einer Meditationslehrerin, die es wiederum von ihrem eigenen Lehrer hatte. Es ist Folgendes: Um Meditationsübungen zu machen, muss man in der Lage sein, drei Dinge zu befolgen:

1. sich an einen Zeitplan halten,
2. sich vor der Wut verneigen,
3. den Bereich der eigenen Aktivitäten begrenzen.

Es klingt so einfach, und doch liegt in diesen drei einfachen Anforderungen die Arbeit eines ganzen Lebens.

Sich an einen Zeitplan halten

Dies bedeutet, wenn Sie um 7.00 Uhr aufstehen wollen, um Ihre Achtsamkeitsmeditation zu praktizieren, dann tun Sie dies auch. Beachten Sie, dass hier keine Vorschriften für einen bestimmten Zeitplan gemacht werden: Sie können sich entscheiden, die Übungen um 16.00 Uhr oder um 11.00 Uhr morgens zu machen oder auch um Mitternacht. Die Zeit spielt keine Rolle – es geht vielmehr darum, dass Sie, egal, welche Zeit Sie festgesetzt haben, alles andere in diesem Moment beenden und Ihre Aufmerksamkeit den Übungen zuwenden.

Damit dies möglich wird, muss der Zeitplan realistisch sein. Es hat keinen Sinn, sich vorzunehmen, um 4.00 Uhr morgens zu meditieren, wenn Sie wissen, dass Sie zu dieser Zeit nicht aus dem Bett kommen.

Sind Sie Schichtarbeiter, müssen Sie Ihren Meditationsplan Ihren Arbeitszeiten anpassen. Wenn Ihr Kind Fieber hat, können Sie es nicht plötzlich um 8.00 Uhr allein lassen, um zu meditieren. Aber Sie können Übungen machen, während Sie bei ihm sind und Sie beide ein- und ausatmen. Der Zeitplan ist also eher eine Struktur als eine Zwangsjacke. Nutzen Sie ihn klug, und er wird Ihnen verlässliche Unterstützung bieten.

Sich vor der Wut verneigen

Das Verneigen wird auf der ganzen Welt praktiziert, ist aber in Fernost zu einer Kunst geworden. In Japan verbeugt sich möglicherweise ein elegant angezogener Angestellter vor Ihnen, wenn Sie ein Kaufhaus betreten. Wenn Sie jemanden treffen, gehört das Verbeugen zur Begrüßung. Je höher die Position ist, die Sie in der Gemeinschaft einnehmen, desto tiefer werden sich die Menschen vor Ihnen verneigen. Das Verneigen ist eine Geste des Willkommens, der guten Manieren und vor allem des Respekts. Man verneigt sich vor seinen Mitmenschen, vor seinen Ahnen und vor seinem Essen.

Wenn Sie unsicher sind, heißt es in den Reiseführern über Japan, verneigen Sie sich.

Aber wie verneigen wir uns vor unserer Wut, und warum? Wut ist eine starke Emotion; sie kann schnell und heftig in uns aufsteigen und uns wie ein Tornado mitreißen. Ist es möglich, inmitten dieses Aufruhrs einfach unsere Wut zu betrachten und uns vor ihr zu verneigen? Das Verneigen bewirkt, dass wir innehalten, etwas akzeptieren und respektieren, eine höfliche Distanz schaffen. Es ist ein Akt, der besagt: «Hallo, Wut, ich sehe, du bist wieder hier, und ich akzeptiere dich.» Es ist die Erkenntnis: Die Wut bin nicht ich.

Und das sollte man bei allen unseren Emotionen tun – Kummer, Besorgnis, Angst, Einsamkeit, Verärgerung. Wenn wir es schaffen, uns vor einer Emotion zu verbeugen, kann sie uns nicht mehr überwältigen. Wir unterdrücken sie nicht, aber sie hat uns nicht länger im Griff. Durch die Verbeugung respektieren wir die Kraft der Emotion, aber wir zeigen auch, dass sie keine Macht über uns hat.

Wenn Sie das nächste Mal wieder eine Emotion packt, versuchen Sie Folgendes: Lassen Sie die Geschichte los, die die Emotion ausgelöst hat, und probieren Sie, sich vor ihr zu verbeugen.

Den Bereich der eigenen Aktivitäten begrenzen

Mit entsprechender Ausdauer wird es einigen von uns schließlich gelingen, einen Zeitplan zu machen, den wir einhalten können, und vielleicht bekommen wir es hin, uns zu verneigen, wenn wir wütend sind. Aber das Begrenzen der Aktivitäten ist das wichtigste Element beim Üben, und das ist in unserer modernen Kultur am schwierigsten zu erreichen.

Den Bereich der Aktivitäten zu begrenzen bedeutet:

- von der Gewohnheit loszulassen, jede Lücke im Kalender zu füllen,
- von dem Drang loszulassen, unzählige neue Projekte anzunehmen (die «Ja»-Falle),
- vom Multitasking loszulassen,
- von der Gewohnheit loszulassen, die eigene Existenz durch Geschäftigkeit zu rechtfertigen,
- von der Neigung loszulassen, immer mehr zu bekommen und zu schaffen,

- von der Neigung loszulassen, ständig zu hetzen,
- unvorhergesehene Momente des Tages zu genießen.

Dies ist, offen gesagt, den meisten von uns so fremd, dass wir zu Beginn höchstens ein paar Momente am Tag erreichen können, in denen wir nicht irgendwohin hetzen oder daran denken, wir müssten eigentlich irgendetwas tun. Um damit einmal zu experimentieren, nutzen Sie die Zeit nach einer Achtsamkeitsübung: Wenn Sie den Body-Scan oder die Sitzmeditation gemacht haben, gönnen Sie sich danach noch etwas Zeit, in der Sie nichts tun müssen. Das mag sich zuerst sehr merkwürdig anfühlen, *aber um achtsam sein zu können, muss man zuallererst langsamer werden.* Den Bereich unserer Aktivitäten zu begrenzen, bedeutet zwei Dinge: einmal das Aufgeben der Illusion, dass Multitasking möglich oder wünschenswert sei. Stattdessen verpflichten wir uns, nur *eine* Sache jeweils zu tun und dieser unsere volle Aufmerksamkeit zu widmen. Das Ergebnis von «jeweils nur eine Sache tun» ist, dass wir unsere Aufgaben besser erledigen und sie mehr genießen. Der zweite, eher langfristige Aspekt des Begrenzens der Aktivitäten ist, dass wir wie ein japanischer Blumenkünstler alles aus dem Strauß unseres Lebens entfernen, was für das Ganze nicht wesentlich ist oder es nicht unterstützt. Als Ergebnis des Begrenzens der Aktivitäten bekommen wir ein Gefühl der Weite, unsere Gedanken werden ruhiger, und wir wissen einen jeden Augenblick unseres Lebens tiefer zu schätzen.

Eine Teilnehmerin fragte einmal ihren Lehrer, wie sie eine regelmäßige Übungspraxis erreichen könne. «Es ist super, wenn ich bei einem Retreat bin – ich bin dann ganz begeistert und habe wirklich das Gefühl, das ist es, was ich machen will, aber wenn ich dann nach Hause komme, in meine Arbeit und meinen Alltags, schläft es ein. Wie schaffe ich es, dabeizubleiben?»

Der Lehrer hörte zu und hielt einen Moment inne. Er gab ihr keine hilfreichen Hinweise über Zeitplanung und Vergänglichkeit. Stattdessen fragte er: «Was machst du gerade jetzt?»

14. Anstrengung und Leichtigkeit

Heute fühlt sich der Boden weicher an. Die harte Kruste der gefrorenen Erde ist verschwunden. Stattdessen Schuhabdrücke, die Furchen im dünnen Gras hinterlassen. Und hier, an einem Weg, ein Wunder. Ein kleines weißes Schneeglöckchen, das aus dem Nichts zu kommen scheint. Seine Blütenblätter sind geschlossen, umeinander gefaltet, noch nicht ganz zum Öffnen bereit. Aber hier ist es, reinweiß, und ragt aus dem Morast hervor. Und mit dieser einen kleinen angedeuteten Blüte zeigt uns die Erde ihr Versprechen der Erneuerung.

Achtsamkeit zu praktizieren, erfordert einige Anstrengung. Dabei mag es sich nur um die Anstrengung handeln, nach einem langen Arbeitstag in der Mindfulness-Gruppe zu erscheinen oder Zeit und Raum zum Üben zu Hause zu finden – oder einfach nur in der Meditation aufrecht zu sitzen, was nicht immer ganz bequem ist. Herauszufinden, welche Art von Anstrengung wir brauchen, ist nicht so leicht. Bei zu großer Anstrengung riskieren wir es, rigide und festgefahren zu werden. Bei zu wenig werden wir niemals wirklich üben. Besonders wenn wir auf Widerstand stoßen, müssen wir genau wissen, welche Art von Anstrengung und Energie wir brauchen. Wenn Sie zum Beispiel mit dem Fahrrad einen steilen Hügel hinaufradeln, müssen Sie einen niedrigen Gang einlegen. Dieses Kapitel möchte

Ihnen etwas über Anstrengungen erklären, sodass Sie fähig werden, sie je nach den Umständen geschickt zu nutzen.

Im Wesentlichen gibt es zwei Arten:

1. die Anstrengungen, die wir brauchen, um uns zum Üben zu bringen,
2. die Anstrengungen, die wir brauchen, sobald wir die Übungen machen, damit wir mit größerer Leichtigkeit meditieren können.

Geschickte Anstrengungen, um mit den Übungen anzufangen

Für viele fühlt es sich großartig an, einen neuen Anfang zu machen. Wir haben etwas gefunden – in diesem Fall Achtsamkeit –, und wir wissen aus allem, was wir darüber gelesen und was unsere Freunde uns erzählt haben, dass wir uns dadurch besser fühlen werden. Wir haben uns zum Kurs angemeldet, vielleicht haben wir sogar eine neue Yogamatte gekauft, und in uns herrscht eine Mischung aus Optimismus, Erwartung und Aufregung.

Wir kommen von der ersten Stunde voller hochfliegender Pläne. Wir gehen mit der CD für den Body-Scan nach Hause und der Aufforderung, jeden Tag zu üben, so gut wir können. Wir fühlen uns entschlossen, dies zu tun; denn was könnte einfacher sein, als sich jeden Tag eine halbe Stunde hinzulegen und alles, was wir zu tun haben, beiseitezuschieben?

Zu Hause zu üben, ist anders als im Kurs. Wenn wir damit bis zum Ende des Tages warten, schlafen wir vielleicht einfach ein, wenn wir uns endlich zum Body-Scan hinlegen. Aber um es am Morgen zu machen, müsste man früher als sonst aufstehen, und schon der Gedanke daran erzeugt Stress. Wenn wir nach der Arbeit heimkommen, wäre eine andere Möglichkeit, aber dann klingelt das Telefon, und wir brauchen unser Abendessen.

Doch schließlich schaffen wir es, uns die Zeit und den Raum für das Abspielen des Body-Scans zu verschaffen, und es gelingt uns sogar, die meiste Zeit davon wach zu bleiben. Aber wir haben diese Aufnahme jetzt ein paarmal gehört, und die Worte sind immer die gleichen: Wie kann man von irgendjemandem erwarten, immer und immer wieder das Gleiche zu hören? Wir beginnen, uns vorzustellen, dass es vielleicht mit einer anderen Aufnahme besser ginge.

Der andere Punkt ist, *wo* wir den Body-Scan durchführen. Das Bett ist zu weich (lädt zum Schlafen ein) und der Boden zu hart (uns tut der Rücken weh). Und so suchen wir immer nach der richtigen Zeit und dem richtigen Ort zum Üben und stellen fest, dass es immer entweder zu früh oder zu spät ist oder zu hart oder zu weich ... Wo sind bloß die Zeit und der Ort, die «genau richtig» sind?

Und schließlich, wenn wir die Möglichkeiten des Wann und Wo geklärt haben, sind wir früher oder später mit etwas anderem konfrontiert, das uns aus der Bahn wirft. Vielleicht ist es ein enger Ablieferungstermin im Job, vielleicht werden wir krank. Was auch immer es ist, unsere sorgfältig geplante Übungsroutine geht flöten. Wir müssen uns jetzt einfach mit diesem Problem in unserem Leben, was immer es ist, auseinandersetzen und hoffen, dass wir es irgendwie schaffen, zur Achtsamkeit zurückzukehren, wenn die Dinge sich beruhigt haben.

Hier ist ein Überblick über den üblichen Verlauf:

Energie entzünden

Wir sind neu in einen Mindfulness-Kurs eingeschrieben, sind enthusiastisch und voller Hoffnung. Die Energie, die uns hilft, kommt aus dem Gefühl, dass wir etwas verändern müssen (siehe Kapitel 2). Etwas ist nicht ganz in Ordnung – wir kennen alle dieses Gefühl der Unzufriedenheit mit uns selbst und unserem Leben. Die Werbebranche und Hunderte von Selbsthilfebüchern nutzen es, dass wir uns auf irgendeine Weise unzulänglich fühlen und uns und unsere Lebensumstände daher «in Ordnung bringen», verbessern müssen.

Viele wundervolle Aspekte unseres Lebens sind aus dem Drang entstanden, die Dinge zu verbessern ... Unsere Vorfahren bändigten das Feuer, fertigten Kleidung an, erfanden das Rad, machten Geschirr aus Lehm – alles, um das Leben ein bisschen einfacher zu machen. Das ist die Energie, die wir anzapfen, wenn wir mit einem neuen Kurs beginnen. In dieser Phase ist unsere Motivation klar: Wir wollen Achtsamkeit, um uns von unserem Stress oder unserem Schmerz oder was auch immer zu befreien. Uns einzuschreiben und dann zum ersten Termin zu erscheinen, empfinden wir nicht wirklich als anstrengend (es sei denn, wir leiden unter Angststörungen oder einer Depression), weil die hoffnungsfrohe Begeisterung uns Flügel verleiht. Wir haben unsere Anfangsenergie erfolgreich entzündet.

Energie aufrechterhalten

Nach einer oder zwei Wochen eines Achtsamkeitskurses beginnt die anfängliche Begeisterung nachzulassen. Dies ist im Grunde ein wichtiger Moment beim Lernen von Achtsamkeit, denn hier sehen wir zum ersten Mal, dass jetzt *eine andere Art von Anstrengung* gefordert ist. Worte wie Disziplin, Verpflichtung und Ausdauer tauchen im Geiste auf, und keines von ihnen klingt besonders lustvoll. Der Anfangszauber (Romantik) weicht der täglichen Routine (langfristige Beziehung). Die Hoffnung, eine Schnellkur für unsere Beschwerden zu finden, wandelt sich zu der realistischen Einsicht, dass es Anzeichen der Besserung gibt, aber dass wir noch einen langen Weg vor uns haben, bis wir einigermaßen frei vom Leiden sein werden.

Die Energie, die wir an diesem Punkt in uns aufspüren müssen, ist eine Art geduldige, aufgeschlossene Gewissenhaftigkeit. Wie bei einem Wissenschaftler hat es keinen Sinn, das Labor zu verlassen, wenn das Experiment gerade erst begonnen hat. Es erfordert Neugier und die Bereitschaft, nicht zu bewerten oder voreilige Schlüsse zu ziehen. Wir lernen schließlich noch, wie das Praktizieren von Achtsamkeit sich auf unser Leben auswirken könnte. Die

Energie aufrechtzuerhalten, erfordert eine Bereitschaft, die Übungen durchzuführen, selbst wenn uns nicht besonders danach ist, wie die Geschichte von John deutlich macht:

> Am Ende eines langen Tages habe ich nicht wirklich Lust, Übungen zu machen. Es ist einfacher, im Internet zu surfen oder einen Film anzusehen. Aber ich habe Probleme mit dem Schlafen, und ich habe bemerkt, wenn ich ein bisschen Achtsamkeits-Yoga mache, bevor ich ins Bett gehe, schlafe ich tatsächlich viel besser. Und obwohl mir manchmal gar nicht danach ist, rolle ich dann doch die Yogamatte aus. Ich höre vielleicht die Yoga-CD, oder ich fange mit etwas Einfachem an, wie auf dem Boden liegen. Wenn ich erst einmal begonnen habe, ist es überraschend leicht. Es macht mir Spaß, und meine Gedanken legen einen anderen Gang ein. Und dann schlafe ich. Wahrscheinlich hilft mir das Wissen, dass ich schlafen werde, durchzuhalten.

Etwa in der zweiten Woche des Kurses berichten die Leute manchmal, dass sie den Body-Scan «langweilig» finden. Langeweile ist, wie in Kapitel 8 beschrieben, eine Form der Abneigung. Langeweile entsteht, wenn wir eine zu erledigende Aufgabe nicht wirklich machen wollen. Aber sie ist auch ein Zeichen dafür, dass wir tiefer gehen und unsere Anstrengungen erhöhen müssen. Beim Body-Scan genügt es nicht, die gesprochenen Worte von der CD zu hören: Jedes Mal, wenn wir uns zur Übung hinlegen, müssen wir die physische Erfahrung erforschen, was es bedeutet, in unserem Körper zu sein. *Der Body-Scan ist keine in-*

tellektuelle Übung – er ist ein Experiment. Jedes Mal, wenn wir die Übung durchführen, werden sich einige Stellen in unserem Körper anders anfühlen, denn unser Körper verändert sich ständig. Es gibt plötzlich an einem Tag einen Schmerz oder ein Kribbeln, das am Tag zuvor noch nicht da war. Jeder Body-Scan ist eine einzigartige Gelegenheit, mit unserem physischen Selbst tiefer in Kontakt zu kommen. Bei dieser Übung können wir all die üblichen Sorgen über unser Aussehen loslassen. Dafür entdecken wir, wie es sich wirklich anfühlt, in diesem Moment lebendig zu sein. Das bedeutet, wir beginnen, Dinge wahrzunehmen und zu fühlen, die wir zuvor nicht bemerkt hatten. Wie ein Teilnehmer berichtete:

> Am Anfang, als die Anweisungen kamen, in die Beine hinunterzuatmen, wusste ich nicht, was ich machen sollte. Und dann, eines Tages, hatte ich es. Plötzlich konnte ich den Atem die Beine entlang hinunterschicken, und ich konnte richtig fühlen, wie das passierte. Es war toll.

Wenn wir die Energie nicht aufrechterhalten, wird es nie zu solchen Entdeckungen kommen.

Vom Kurs abkommen

Selbst wenn wir erfolgreich lernen, uns der Achtsamkeit auf tiefere Weise zu nähern, werden Hindernisse auftauchen. Das ist bei der Meditationspraxis unvermeidlich.

Früher oder später wird sich uns etwas in den Weg stellen. Wenn Sie Kinder haben, kommen die Schulferien, und mit der ruhigen Zeit ist es vorbei. Wenn Sie selbst Lehrer oder Lehrerin sind, kann der bevorstehende Besuch des Schulrats jeden Moment Ihrer wachen (und auch Ihrer Schlafens-) Zeit überschatten. Fristen, Reisen, Familie, Migräne – jeder von uns kann eine ganze Liste von Dingen aufschreiben, die uns vom Kurs abbringen. Und bei diesen Hindernissen haben wir keine Wahl: Wir müssen uns mit ihnen befassen. In solchen Momenten scheint es tatsächlich weder die Zeit noch den inneren Raum für die Übungen zu geben.

Wenn nun so ein Hindernis auftaucht, ist es beruhigend, sich an drei einfache Tatsachen zu erinnern:

- Jeder kommt hin und wieder vom Kurs ab.
- Es ist einfacher, wieder auf den Weg zurückzukommen, wenn man sich nicht verurteilt.
- Selbst in einer Krise ist es möglich (und hilfreich), achtsam zu sein.

Wie ist es möglich, mitten in der ganzen Hektik achtsam zu sein? Einfach, indem Sie wahrnehmen. Wenn es womöglich keine Zeit gibt, eine halbe Stunde zu meditieren, so ist doch immer genug Zeit, um wahrzunehmen, wie die Dinge sind. Wo ist die Spannung im Körper, während ich darauf warte, diese Führerscheinprüfung abzulegen? Wo ist der Atem? Welche Gedanken gehen mir durch den Kopf, und was genau ist das für eine Emotion? Wie fühlt sich die

Luft auf der Haut an? Sich diese Fragen zu stellen, kann weniger Zeit in Anspruch nehmen, als diesen Absatz zu lesen, aber es liefert uns genau das, was uns fehlt, wenn wir überwältigt werden: Es bietet uns eine Wahlmöglichkeit. Wir können uns dazu entscheiden, uns unserer Erfahrung zuzuwenden. Und in diesem Akt, das Leben anzunehmen, ganz so, wie es ist, erlangen wir zumindest ein kleines Maß an Kontrolle zurück und haben die Möglichkeit, neugierig zu sein. Neugier ist ein wunderbares Gegenmittel zur Panik.

Energie erneuern

Das bedeutet, die Praxis ganz von vorne zu beginnen. Hier sind wir an einem kritischen Punkt angelangt; zum Teil wegen der Zweifel, die sich vielleicht eingeschlichen haben, zum Teil, weil unsere Energien wahrscheinlich auf einen Tiefstand abgesunken sind. Zu diesem Zeitpunkt ist es notwendig, wieder sanft zu beginnen, und mit einem klaren Ziel. Probieren Sie diese sieben Schritte aus, wenn Sie neue Energie benötigen:

1. Beginnen Sie, wie immer, mit dem Feststellen: *Ich habe es in der letzten Zeit nicht geschafft, die Übungen zu machen.*
2. Befreien Sie sich von jeglicher Neigung zu urteilen. *Ja, ich war krank. So etwas kann jedem passieren.*
3. Erinnern Sie sich selbst daran, was Sie dazu veranlasst hat, die Übungen aufzunehmen. *Ich habe mit der Meditation angefangen, weil mir alles über den Kopf wuchs, und*

tatsächlich fühlte es sich an, als ob ich mehr Möglichkeiten hätte, mehr Kontrolle. Ich war glücklicher!
4. Beginnen Sie sanft, mit einer Übung, die Ihnen leichtfällt. *Ich weiß, den Body-Scan habe ich immer gerne gemacht. Damit fange ich an.*
5. Beginnen Sie mit einer kurzen Übung. *Ich mache erst mal nur den Zehn-Minuten-Body-Scan, und dann sehe ich, wie ich mich fühle.*
6. Machen Sie danach eine Weile gar nichts und gönnen Sie sich ein bisschen spontanen Freiraum, trinken vielleicht einen heißen Tee oder sitzen an der frischen Luft. *Ah, die Vögel zwitschern …*
7. Jetzt überlegen Sie sich, wann, wo und mit welcher Übung Sie morgen weitermachen werden, und kalkulieren Sie auch etwas freie Zeit danach mit ein. *Hey, ich komme vielleicht wieder auf den Weg zurück …*

Sich erfolgreich den Weg durch diesen Erneuerungsprozess zu erarbeiten, wird Sie auf den Pfad zurückbringen, auf dem Sie wieder zu der Sie unterstützenden Energie finden. Je regelmäßiger Sie an diesem Punkt üben, desto einfacher wird es, bis das Sich-Hinsetzen zur Meditation genauso natürlich und kraftspendend erscheint wie Essen oder Schlafen. Das heißt nicht, dass nichts Sie jemals wieder vom Kurs abbringen kann, aber es bedeutet, dass Sie die Zuversicht besitzen, sich nach dem Sturm (und währenddessen) wieder auf die Achtsamkeit einzulassen.

Hier ist eine Geschichte, die zeigt, wie wichtig es ist zu wissen, wie man wieder neu anfängt:

Aaron Siskind war ein Fotograf, der abstrakte und impressionistische Bilder machte – einfach gesagt, er machte Fotos von Wänden. Meistens waren das Wände mit interessanten Rissen oder Tapeten, die sich von ihnen abschälten, und durch seine Fotografie brachte er den Betrachter dazu, wirklich hinzusehen, die Schönheit und Bedeutung von etwas wahrzunehmen, was man sonst ignoriert hätte. Damals in den siebziger Jahren kam er nach Oxford, um dort eine Ausstellung seiner Arbeiten zu veranstalten. Während einer seiner Vorträge stellte ihm jemand die Frage: «Was tun Sie, wenn Sie festgefahren sind oder wenn Sie eine kreative Blockade haben?»

Er antwortete: «Ich gehe zurück an einen Platz, der für mich vorher schon einmal funktioniert hat – vielleicht ein bestimmtes Gebäude oder ein Stück einer Wand, und dort beginne ich noch einmal. Ich fotografiere, sehe, finde Inspiration. Wenn ich einmal über die anfängliche Blockade hinweg bin und wieder in Gang komme, beginnt alles zu fließen.»

Geschickte Anstrengungen während des Übens

Sich an die Übungen zu machen, ist nur die eine Seite der Geschichte. Die andere, in gewisser Weise schwierigere, besteht darin herauszufinden, welche Art von Anstrengungen wir brauchen, sobald wir tatsächlich üben.

Meditation ist so etwas wie ein Balanceakt. Wenn wir uns für die Übungen hinsetzen, müssen wir aufrecht und ohne Spannung sein. Diese äußere Form spiegelt, was wir im Inneren anstreben – unsere Aufmerksamkeit muss «eingeschaltet» sein, jedoch ohne jegliches Gefühl der Verspannung. Bemüht konzentrierte Meditation verursacht unausweichlich körperliche Anspannung und Schmerzen. Zu lässige Meditation verführt zu Tagträumen, Phantasien, Langeweile oder Schlaf. Wir müssen also einen Mittelweg finden, bei dem wir absolut wach und gleichzeitig locker sind.

Hier sind zwei altbewährte Analogien, die diesen Prozess der Balancefindung beschreiben.

Gitarren-Saiten

Denken Sie an die Saiten einer Gitarre, einer Geige oder Ukulele. Wenn die Saite zu locker ist, schlabbert sie am Griffbrett herum und kann keinen sauberen Ton hervorbringen. Ist sie zu straff, wird sie reißen. Die Saite muss fest genug gespannt sein, um einen guten Ton zu erzeugen, aber nicht zu fest. Das ist genau die Art, wie wir uns einstimmen müssen, wenn wir Achtsamkeit üben. Für das Aufrechtsitzen und für die Aufmerksamkeit auf alles, was gerade jetzt vorgeht, müssen wir uns auf gewisse Weise anstrengen. Doch wir müssen uns auch erlauben, entspannt zu sein, sowohl körperlich als auch geistig, um die Übungen über eine längere Zeit durchzuhalten. Durch dieses angenehme Gefühl der Gelassenheit können wir uns eingestehen, dass die Aufmerksamkeit gewandert ist, und wissen gleichzeitig, dass wir sie zurückholen können. Auf die gleiche Art, wie es notwendig ist, die Gitarrensaite zu stimmen, stimmen wir ständig unseren Geist immer wieder neu und trainieren ihn, in den gegenwärtigen Moment zurückzukehren, hier und jetzt, immer und immer wieder.

Der trübe Teich

Denken Sie diesmal an einen Teich. Vielleicht hat es gerade geregnet, oder jemand hat ihn mit einem Stock aufgerührt – jedenfalls, das Wasser ist trüb. Das trübe Wasser ist ein passendes Bild für unseren Kopf, wenn all die Gedanken dort herumwirbeln. Die Frage ist also, wie bekommen wir einen Teich mit schönem, klarem Wasser? Können wir das zustande bringen? Die Antwort ist: Das können wir nicht. Aber wenn wir ihm Zeit geben, setzt sich der Schlamm von selbst auf dem Boden ab, und das Wasser wird klar. So ist es auch bei der Meditation.

Wir sitzen still, ohne uns einzumischen, und lassen die schlammigen Gedanken sich setzen. Wir halten eine wachsame Aufmerksamkeit aufrecht, um nicht zu viele neue Ideen und Pläne (es wird einige geben) aufzuwirbeln, und wir warten geduldig. Wenn wir genug Geduld aufbringen, beginnt sich der Schlamm zu setzen, und das Wasser wird von selbst wieder klar. Nicht unsere Anstrengungen haben bewirkt, dass der Schlamm sich gesetzt hat. Wir waren nur Beobachter bei einem natürlichen Prozess. Das ist Meditation. Wir sitzen, mit Aufmerksamkeit und Neugier, um zu sehen, wer wir sind, wenn sich der Schlamm gesetzt hat. Es braucht keine Kraft. Wir müssen nur still und ausgeglichen sein, standfest, ruhig und wach. *Tatsächlich kann schon der Wunsch, das Wasser möge klar werden, sich als Hindernis erweisen.* Hier deshalb ein weiteres Geheimnis der Meditationspraxis: Am besten ist es, einfach nur dazusitzen und den trüben Teich zu beobachten. Vielleicht steigen Blasen an die Oberfläche. Etwas, das wir zuerst nicht gesehen haben, kommt womöglich ins Blickfeld. Wir haben keine Kontrolle darüber, und schließlich lernen wir, sogar vom Wunsch nach einem bestimmten Ergebnis loszulassen. Hier sind wir, und hier ist der trübe Teich. Er braucht nicht klar zu sein: Er braucht nicht anders zu sein als genau so, wie er ist. Also sitzen wir und beobachten, neugierig und glücklich darüber, nur aufmerksam zu sein.

Ohne irgendeine Ahnung davon, was wir entdecken werden.

15. Der Werkzeugkoffer

Regen, wie das Geräusch von höflichem Applaus, auf dem Dach der Hütte. Schlamm, Pfützen und Matsch. Die meisten Vögel suchen Schutz, damit ihre Federn nicht nass werden, aber hier ist der Specht und hämmert mit seinem Schnabel in eine mit Erdnüssen gefüllte Futterröhre, sein roter Unterbauch der einzige helle Fleck, der zu sehen ist.

In Achtsamkeitskursen fällt häufig der Ausdruck «Werkzeugkoffer». Wir bekommen verschiedene Übungstechniken, die wir in unseren Werkzeugkoffer packen können. Es sind alles großartige Instrumente, aber nur, wenn wir sie zu gebrauchen wissen. Den Zweck all der Achtsamkeitstechniken zu verstehen, hilft uns bei der Entscheidung, welche Technik wir für uns auswählen sollten. Wir begreifen dann auch besser, warum wir bei bestimmten Techniken Widerstand verspüren und wie wir ihn überwinden können. In diesem Kapitel werden wir uns alle Achtsamkeitstechniken ansehen, die normalerweise in einem Achtwochenkurs behandelt werden. Sie können sich gern nur mit den Teilen dieses Kapitels befassen, die die Technik behandeln, mit der Sie im Moment arbeiten oder die Sie schwierig finden.

Die langen Übungen

Der Body-Scan

Der Body-Scan ist in den meisten Mindfulness-Kursen die erste richtige Übung. Dabei legt man sich hin (oder findet eine andere Position, wenn einem das Liegen unangenehm ist) und wendet seine Aufmerksamkeit verschiedenen Körperteilen zu, einem nach dem anderen. Normalerweise beginnt der Scan bei den Zehen und geht von dort nach oben, durch die Beine, den Oberkörper, die Arme und den Kopf, wobei man die Empfindungen erforscht und den Körper durch diese Erfahrung entdeckt. Diese Übung dauert dreißig bis vierzig Minuten. Das Ziel des Body-Scans sind im Wesentlichen vier Dinge:

- sich auf die körperlichen Empfindungen einzustimmen, was den Geist in den gegenwärtigen Moment bringt,
- die Aufmerksamkeit zu trainieren, indem man sie durch die Steuerung des Bewusstseins von einem Teil des Körpers zum anderen bewegt,
- zu lernen, was zu tun ist, wenn die Gedanken abwandern (sie zurückzubringen, ohne zu urteilen),
- den Prozess, mit körperlichem Unwohlsein umzugehen, damit zu beginnen, dies ohne zusätzliche Spannung oder Vermeidungsversuche zu erkunden.

Beachten Sie, dass in keinem dieser vier Punkte das Wort «entspannen» vorkommt. Dies ist eines der häufigsten Missverständnisse, die über Achtsamkeitskurse bestehen: dass der Body-Scan der Entspannung dienen soll. Aber wenn Entspannung ein Ziel ist, zum gegenwärtigen Zeitpunkt jedoch nicht in unserem Erfahrungsbereich liegt, dann geht es bei dieser Übung nicht um Entspannung. Wenn Sie sich die Aufnahme genau anhören, werden Sie feststellen, dass das Wort «entspannen» gar nicht auftaucht. Der Body-Scan soll uns helfen, damit in Verbindung zu kommen, wie wir uns gerade in diesem Moment fühlen. Unruhig, müde, voller Schmerzen – es ist egal, was wir spüren: Es zählt nur, dass wir uns dessen voll bewusst werden.

Von diesem Blickpunkt aus betrachtet wird klar, warum Achtsamkeitskurse normalerweise mit dem Body-Scan beginnen und warum wir aufgefordert werden, ihn regelmäßig zu praktizieren: Der Body-Scan bietet uns alle wesentlichen Bausteine, die wir benötigen, um achtsame Aufmerksamkeit zu entwickeln. Die Nebenwirkung, dass er uns oft hilft, in einen Zustand mentaler und physischer Entspannung zu gelangen, ist nur das Sahnehäubchen dabei!

Wann wir den Body-Scan nutzen

Wenn Sie sich gerade erst auf den Achtsamkeitspfad begeben haben, ist der Body-Scan hilfreich, um Ihnen ein Fundament für alle nachfolgenden Übungen zu geben. Wenn Sie eine Weile eine Pause von den Übungen gemacht haben, ist es ratsam, die Praxis wieder mit ihm zu beginnen. Er kann mitten in der Nacht hilfreich sein, wenn Sie nicht schlafen können – es wird oft berichtet, dass sich jemand den Body-Scan angehört hat und danach gut schlafen konnte.

Wenn der Verstand auf Hochtouren läuft und deswegen längeres stilles Meditieren unmöglich wird, hat der Body-Scan den Vorteil, einigermaßen gleichmäßige Anweisungen zu liefern, die die Aufmerksamkeit aufrechterhalten. Der Body-Scan kann auch während einer Krankheit oder der Rekonvaleszenz hilfreich sein. Obwohl einige Stellen im Körper vielleicht schmerzen, lädt uns der Body-Scan ein, die anderen Stellen zu entdecken, die sich gut anfühlen und die wir vielleicht übersehen haben. Das systematische Bewusstmachen dieses «Wohlgefühls», um die Teile des Körpers zu unterstützen, die Hilfe brauchen, hat sowohl eine beruhigende als auch heilende Wirkung.

Sitzmeditation

Mit der Sitzmeditation wird die Arbeit weitergeführt, die wir im Body-Scan begonnen haben. Wir trainieren die Aufmerksamkeit immer noch, im gegenwärtigen Moment zu bleiben, aber jetzt können wir, zusätzlich zu den Atem- und Körperempfindungen, das Bewusstsein auf Geräusche richten – sowie auf Gedanken, die kommen und gehen. An einem Punkt können wir außerdem gebeten werden, uns in das «ausgedehnte Bewusstsein» zu begeben, wo wir einfach wahrnehmen, was auch immer entsteht, ohne uns auf etwas Spezielles zu fokussieren.

Und es gibt noch ein wichtiges Merkmal der Sitzmeditation – den wichtigsten Aspekt von allen: Bei dieser Praxis beginnen wir ein Gefühl dafür zu entwickeln, wie es ist, die Übungen eine Zeitlang in Stille durchzuführen, ohne gesprochene Anweisungen, die uns unterstützen.

Warum sollten wir vom Body-Scan überhaupt zur Sitzmeditation überwechseln? Schließlich geht es bei beiden darum, unsere Aufmerksamkeit auf unsere Sinneserfahrung zu richten. Und dennoch ist Sitzmeditation anders. Sie *fühlt* sich anders an. Natürlich erfordert das Aufrechtsitzen eine Anstrengung der Muskeln, die beim Liegen nicht nötig war, aber da ist noch mehr. In der Sitzmeditation ist eine Qualität vorhanden, die im Grunde rätselhaft ist. Warum werden wir aufgefordert, aufrecht zu sitzen? Warum ist unsere Haltung von Bedeutung für die Art und Weise, in der wir Erfahrungen wahrnehmen und verarbeiten?

Als Jon Kabat-Zinn in den siebziger Jahren begann, Achtsamkeit zu lehren, lauteten seine Anweisungen für die Meditation, «in aufrechter und würdevoller Haltung» zu sitzen. Wenn wir dies hören, sitzen wir meistens automatisch schon ein bisschen aufrechter. Aber wir neigen zu so vielen feinen Unterschieden in unserer gewohnheitsmäßigen Körperhaltung, dass vielleicht einige weitere Hinweise hilfreich sind. Doch bedenken Sie, dass sie eher Richtungen angeben, als ein absolutes Muss darstellen, an das Sie sich zu halten hätten, ganz gleich, wie unbequem es für Sie sein mag. Bei der Sitzmeditation ist zu jeder Zeit die wichtigste Stimme, auf die Sie hören sollten, die Ihres Körpers (siehe Abbildung 3, S. 141).

- *Auf einem Stuhl sitzen:* Wenn Sie nicht daran gewöhnt sind, auf dem Boden zu sitzen, dann ist ein Stuhl wahrscheinlich das Beste. Ein Keil oder ein Kissen auf dem Stuhl wird Ihnen helfen, das Becken leicht nach vorne zu neigen, und dies wiederum unterstützt die Wirbelsäule dabei, sich ganz natürlich aufzurichten. Wenn Ihr Rücken es zulässt, setzen Sie sich ein Stück von der Rückenlehne entfernt. Die Fußsohlen sollten flach am Boden sein – wenn Sie kurze Beine haben, kann ein Yogablock oder ein Buch unter den Füßen helfen. Die Schienbeine sollten gerade aufrecht stehen, mit ein bisschen Platz zwischen den Knien, sodass es in den Hüften keine Spannung gibt.
- *Auf einer Meditationsbank sitzen:* Eine Meditationsbank ist eine niedrige Holzbank mit schräger Sitzfläche, sodass das Becken sich vorneigt. Wenn Ihre Knie mitmachen, ist das Sitzen auf einer Bank überraschend angenehm, denn es erlaubt dem Rücken, ganz natürlich aufrecht zu sein, ohne große Anstrengung. Halten Sie einen faustgroßen Abstand zwischen den Knien. Es ist hilfreich, eine Art Polster unter sich auf dem Boden zu haben, sodass die Knie und Füße ein wenig abgestützt sind. Wenn es im Spann zieht, rollen Sie ein Handtuch zusammen und legen es unter den Spann, sodass die Füße nicht flach auf dem Boden liegen.
- *Auf einem Meditationskissen sitzen:* Dies ist nur dann eine gute Möglichkeit, wenn sowohl Ihre Knie als auch Ihre Hüften beweglich sind. Ein Meditationskissen ist normalerweise rund und fest und mindestens zehn

Zentimeter dick. Merken Sie, wenn Sie auf einem Kissen sitzen, dass Ihre Knie nicht auf dem Boden ruhen, sollten Sie besser die Bank benutzen. Für die Meditation brauchen wir eine feste und sichere Basis: Wenn Ihre Knie in der Luft hängen, haben Sie keine Stabilität, und dann treten leicht Schmerzen im unteren Rücken und den Hüften auf. Ist nur ein Knie leicht erhöht, stecken Sie ein zusammengerolltes Handtuch oder einen Yogablock darunter.

Ein Zehn-Punkte-Leitfaden für alle Sitzpositionen:

1. Beginnen Sie mit der bewussten Wahrnehmung der Sitzknochen und finden Sie die Stelle, wo Sie auf beiden gleichermaßen ruhen.
2. Kippen Sie jetzt das Steißbein, um die Biegung in der Taille zu reduzieren. Dadurch kann sich die Wirbelsäule aus dem Becken aufrichten, sodass Sie vielleicht etwas größer werden.
3. Werden Sie sich der Wirbelsäule bewusst. Lassen Sie sie aufrecht sein, wie eine Pflanze, die zum Licht hin wächst. Vielleicht finden Sie es hilfreich, sich einen Seidenfaden vorzustellen, der aus der Krone des Kopfes kommt und die Wirbelsäule leicht nach oben hochzieht.
4. Lockern Sie die Schultern.
5. Ziehen Sie den Nacken lang und das Kinn leicht nach innen. Die Ohren sollten über den Schultern sein.
6. Lockern Sie alles unterhalb der Taille – keine Spannung im Unterleib.

7. Legen Sie die Hände leicht auf die Oberschenkel. Die Handflächen nach unten vermitteln ein Gefühl der Erdung. Die Handflächen nach oben erzeugen eine empfangende Haltung.
8. Offene Augen können nützlich sein, wenn Sie sehr müde sind oder zu Tagträumen neigen. Wenn Sie die Augen geöffnet haben, senken Sie den Blick und richten ihn etwa einen Meter vor sich auf den Boden. Der Blick sollte entspannt sein, ohne sich auf etwas Spezielles zu fokussieren.
9. Seien Sie sich jetzt Ihres ganzen Körpers bewusst. Für die Meditation streben wir eine Haltung an, die wach, aufrecht und auch angenehm ist. Wenn Sie in Ihrer Sitzweise eine Spannung bemerken, suchen Sie nach einem Weg, wie Sie wieder locker werden und sich wohl fühlen.
10. Und zum Schluss: Wenn auch die Absicht dieser Haltung darin liegt, Stille zu erzielen, so seien Sie sich bewusst, dass keine Position jemals völlig statisch ist. Wenn Sie nicht daran gewöhnt sind, aufrecht zu sitzen, werden Sie vermutlich bald etwas zusammensacken. Wenn Sie gestresst sind, werden Spannungen entstehen. Ein Teil des Präsent-Seins in der Meditation besteht darin zu bemerken, was der Köper will, und entsprechend kleine Anpassungen vorzunehmen.

Abbildung 3: Drei Sitzpositionen

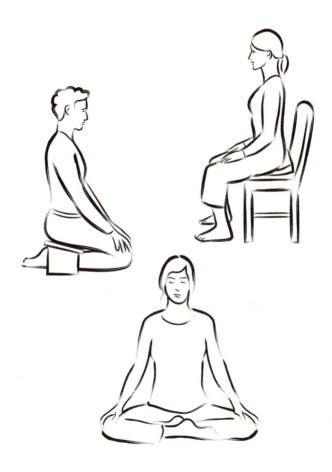

Warum sitzen wir so? Ich stellte einmal meinem Meditationslehrer diese Frage. Er antwortete: «Weil der Meister es mich so gelehrt hat.»

Damals schien mir das nicht gerade eine befriedigende Erklärung. In unserer modernen westlichen Kultur wollen wir Beweise, wenn wir etwas tun sollen. Es gibt Beweise dafür, dass das Sitzen in einer aufrechten Haltung und mit einem offenen Herzen unsere Stimmung verbessert. Und wenn Sie erst einmal die Art zu sitzen gefunden haben, die für Sie am stabilsten und angenehmsten ist, werden Sie feststellen, dass Sie diese Position eine ganze Weile aufrechterhalten können, ohne sich bewegen zu müssen. Wir lehnen uns nicht vor (in die Zukunft) oder zurück (in die Vergangenheit). Wir sind hier, ruhig und sicher, im Zentrum unserer sich entfaltenden Erfahrung.

Warum sagte also mein Meditationslehrer: «Weil der Meister es mich so gelehrt hat»? Weil dies einer entscheidenden Wahrheit Rechnung trägt: Meditation wird von einer Person zur anderen weitergegeben. Mein Lehrer hat es mir beigebracht. Sein Lehrer hat es ihm beigebracht. Dessen Lehrer hat es von seinem eigenen gelernt und so weiter, den ganzen Weg zurück in der Kette, die mindestens 2500 Jahre alt ist. Es ist etwas auf geheimnisvolle Weise Wirksames darin, aufrecht in der Meditation zu sitzen. Es ermöglicht uns, alles, was in und um uns herum aufkommen mag, zu halten, anzusehen und loszulassen. Es schafft einen Zustand von Ausgeglichenheit und Gelassenheit. Es hilft dem Geist, bewusst und klar zu werden. Es ist ein tiefgründiges Geschenk, das jede Generation der nächsten anbietet. Jedes Mal, wenn Sie sich zum Meditieren hinsetzen, schließen Sie sich an diese alte Tradition an, in der jedes Wesen in dieser langen Kette Sie unterstützt und für Ihr Bemühen das Beste wünscht.

Wenn Sie Ihren Platz zum Meditieren eingenommen haben, achten Sie auf Ihre Hände. Nach dem Gesicht und der Stimme sind unsere Hände der ausdrucksstärkste Teil des Körpers. Deshalb ist es wichtig, sie in unsere Haltung miteinzubeziehen. Hier folgen ein paar Möglichkeiten, die Hände abzulegen (siehe Abbildung 4, S. 145).

1. Legen Sie die Handflächen so auf die Oberschenkel, dass die Schultern entspannt sind. In dieser Position bekommen Sie ein Gefühl der Erdung und der Verbindung zu sich selbst.
2. *Chin Mudra*: Bei der zweiten Möglichkeit ruhen die Handflächen ebenfalls auf den Oberschenkeln, dieses Mal mit einer «Mudra». Eine Mudra ist ein Symbol, das wir mit den Händen bilden – eine Art Aussage. Bei der Chin Mudra bringen wir die Spitze des Daumens und die Spitze des Zeigefingers zusammen, sodass sie sich leicht berühren und einen Kreis bilden. Dies symbolisiert das Verbundensein mit dem Universum oder die Verbindung unserer «historischen Dimension» mit unserer «letzten Dimension» (siehe Kapitel 11). Auch diese Handhaltung schafft ein Gefühl der Erdung.
3. *Jnana Mudra*: Diesmal machen wir die gleiche Geste mit dem Daumen und dem Zeigefinger, anders ist nur, dass wir die Handrücken auf den Oberschenkeln ruhen

lassen, sodass die Handfläche nach oben zeigt. In dieser Haltung werden die Hände empfänglicher.
4. *Die Kosmische Mudra*: Hier halten wir die rechte Hand vor den Unterbauch, mit der Handfläche nach oben, und legen dann die linke Hand so darauf, dass sich die Daumenspitzen berühren und ein Oval formen. Bei dieser Geste geht es darum, rechts und links in der Mitte zu vereinen, sodass es keine Dualität gibt. Für diese Haltung müssen die Hände gestützt werden, also brauchen Sie vielleicht ein kleines Kissen auf dem Schoß, auf das Sie Ihre Hände legen können.

Es spielt keine Rolle, welche dieser Haltungen Sie wählen – nehmen Sie die, die sich am bequemsten und am passendsten anfühlt. Wichtig ist, dass die Hände die Intention und das Verständnis der meditativen Praxis zum Ausdruck bringen.

Wann sollten wir meditieren?

Wenn Sie erst einmal vertraut damit sind, aufrecht zu sitzen, können Sie jeden Tag meditieren. Sie werden da nie herauswachsen. Meditieren ist besonders nützlich, wenn die Zeiten schwierig sind und wir einfach nicht wissen, was wir sonst tun können. Wenn die Aufnahme für die Sitzmeditation aus Ihrem Achtsamkeitskurs auch dreißig bis fünfundvierzig Minuten lang ist, so brauchen Sie nicht immer bis zum Ende dabeizubleiben. Es ist besser, sich

Abbildung 4: Positionen der Hände

Kosmische Mudra

Jnana Mudra

Chin Mudra

auch nur für fünf Minuten hinzusetzen als zu bedauern, es überhaupt nicht versucht zu haben. Mit der Zeit wird es Ihnen körperlich immer leichter fallen, in der Meditation aufrecht zu sitzen, bis es sich wie die natürlichste Haltung der Welt anfühlt.

Yoga, Dehnen, Tai-Chi oder Chigong

Die Yogapraxis erfordert nur, dass wir etwas tun und gleichzeitig die Aufmerksamkeit auf unser Tun richten.

Desikachar[1]

Wie viel Bewegung Sie in Ihrem Achtsamkeitskurs lernen, hängt von Ihrem Lehrer ab. In manchen Kursen wird eine volle Dreiviertelstunde mit solchen Übungen angeboten, in anderen sind die Dehnungsübungen weitaus kürzer. In den Kursen, die ich im Laufe der Jahre gegeben habe, berichten die Teilnehmer häufig, dass für sie Achtsamkeitsyoga eine der hilfreichsten Techniken ist, die sie gelernt haben.

Wenn wir achtsam sein wollen, müssen wir *auf etwas* achtsam sein. Beim Yoga richten wir unsere Aufmerksamkeit auf die Körperempfindungen. Das ist oft einfacher, als nur ruhig zu sitzen und zu versuchen, sich auf den Atem zu konzentrieren.

Yoga ist aus verschiedenen Gründen ein wichtiger Teil unseres Werkzeugkoffers. Yoga kann helfen

- Schmerzen und Steifheit im Körper zu lindern, indem unnötige, unbewusste Spannungen losgelassen werden;
- aus dem Grübeln heraus- und in eine Bewusstheit der Körperempfindungen hineinzukommen;
- die physischen Grenzen des Körpers auf sichere Weise zu erforschen und zu verstehen, dass Grenzen sich verändern, wenn wir in einer Haltung verbleiben;
- aus dem physischen «Autopiloten» herauszukommen und sich bewusst zu werden, wie wir stehen, sitzen und uns bewegen;
- Depressionen zu lindern und die Stimmung zu verbessern;
- Konkurrenz- und Leistungsdenken loszulassen;
- die Körperhaltung und Beweglichkeit zu verbessern, was wiederum die Sitzmeditation leichter macht;
- das Bewusstsein für den Atem zu erhöhen und seinen Fluss zu verbessern;
- die geistige Konzentration zu steigern (auch eine gute Vorbereitung für die Sitzmeditation);
- die Energielevel wieder auszugleichen: uns wacher zu machen, wenn wir müde sind, oder uns zu beruhigen, wenn wir aufgedreht sind;
- unseren Körper zu erfahren, wertzuschätzen und anzunehmen, so, wie er ist.

Eines der wichtigsten Merkmale des Achtsamkeitsyogas ist, dass man nicht krampfhaft versucht, eine bestimmte Stellung einzunehmen. Wir machen eine sanfte Bewegung, lassen uns vom Atem führen und achten auf die Gefühle, die hochkommen. Statt eine feste Vorstellung zu haben, wie unser Körper aussehen soll, werden wir neugierig auf die Erfahrung, in diesem einzigartigen Körper zu sein. Achtsamkeitsyoga verbindet den Atem, den Körper und die Aufmerksamkeit. Auf diese Weise ausgeübt, ist Yoga ein wundervolles Tor zur Bewusstheit. Es kann auch andere unerwartete positive Auswirkungen haben, wie dieser Bericht von Joe anschaulich macht:

Ich ging zum Achtsamkeitskurs in der Hoffnung, ein bisschen «Seelenfrieden» zu erfahren. Diesen habe ich im Überfluss bekommen und noch eine ganze Menge mehr. Ich leide seit einigen Jahren an Herzrhythmusstörungen, und trotz mehrerer EKGs, inklusive Langzeit-EKGs mit 24-Stunden-Überwachung, konnten die Ärzte nichts Spezifisches finden, was nicht in Ordnung gewesen wäre. Mein Herzschlag raste sehr häufig, und ich spürte das heftige Klopfen in meiner Brust, besonders nachts oder wenn ich im «Ruhe-Modus» war. Während einer Achtsamkeitsyoga-Sitzung fühlte ich mich plötzlich ganz anders. Wir lagen auf dem Rücken mit unseren Füßen in der Luft, gegen die Lehne eines Stuhls gestützt. Ich brauchte einige Sekunden, um herauszufinden, was anders war – dann merkte ich, mein Herz schlug völlig normal. Ich versuchte, nicht zu aufgeregt zu sein, und wollte es als «eine einmalige Sache» abtun. Die nächsten paar Wochen machte ich die Übungen weiter, und die Phasen mit normalem Herzschlag wurden länger. Selbst wenn ich nicht zu denken wagte, dass ich auf wundersame Weise geheilt worden sei, begann ich doch, neue Hoffnung zu schöpfen. Nun, ein Jahr später, erfreue ich mich an etwas, was für die meisten Menschen selbstverständlich ist – einem normalen Herzschlag.

Wann sollten wir Yoga praktizieren?

Wenn Sie den ganzen Tag am Schreibtisch gearbeitet haben, dann ist Yoga ein wunderbarer Weg, dem Körper etwas Gutes zu tun. Viele Menschen finden es einfacher, Achtsamkeit beim Yoga zu praktizieren, weil der Körper dann etwas «zu tun» hat. Dehnen ist ebenfalls unglaublich hilfreich vor der Sitzmeditation. Es stabilisiert die Atmung, den Körper und den Geist, und so sind wir konzentrierter, wenn wir uns in einen Zustand der Stille begeben. Sanftes Yoga kann außerdem am Ende des Tages den Körper und Geist auf den Schlaf vorbereiten.

Liebende-Güte-Meditation

Vor mehr als zweitausend Jahren saßen die Mönche, die Yoga-Übungen machten, oft allein in den Wäldern. Inmitten der Natur auf der Erde zu sitzen, ist eine wunderbare Art zu praktizieren – doch es gab ein Problem. Das waren die Tiger. In der Wildnis Nordindiens gab es bengalische Tiger, und der Gedanke, jeden Moment gefressen werden zu können, machte es für die Mönche schwierig zu meditieren.

Daher lehrte man sie metta bhavana oder die Liebende-Güte-Übung. Von ihr heißt es, sie sei ein Gegenmittel zu Angst, Böswilligkeit oder Wut.

Zur Angst gehören auch Nervosität, Sorgen, Unbehagen oder das starke Bedürfnis zu kontrollieren. Böswilligkeit beinhaltet jede Form der Abneigung (siehe Kapitel 8): Langeweile, Ruhelosigkeit, Widerstand – all dies sind Aspekte der Böswilligkeit. Wut ist einfach Wut, aber zu ihr gehören noch subtilere Spielarten wie etwa Ärger und Entrüstung. Alle diese emotionalen Zustände sind in uns und vergiften uns. Zu ihnen allen gehört eine Unzahl von Gedanken – *Was wird mit mir passieren, wenn? ... Wie konnte sie mir das antun? ... Ich will nur hier raus ...* und so weiter. Alle diese Gedanken bringen uns aus dem gegenwärtigen Moment heraus und hinein in eine Phantasievorstellung von dem, was wir tun werden oder was uns passieren wird.

Der vietnamesische Zen-Meister Thich Nhat Hanh vergleicht die Wut mit einem Wohnungsbrand.[2] Wir glauben, dass jemand unsere Wohnung in Brand gesetzt hat, und wir sind so wütend, dass wir losstürmen und uns den Brandstifter schnappen wollen. Aber in der Zwischenzeit zerstören die Flammen unser Haus. Und so ist es unbedingt notwendig, uns um unser Haus zu kümmern und das Feuer zu löschen. Wenn wir also wütend sind, schadet die Emotion uns. Deswegen müssen wir unsere Aufmerksamkeit auf uns selbst richten, nicht auf jemand anderen: Zu denken, dass jemand anderes mich wütend «gemacht» hat, und ihm hinterherzujagen, wird mich nicht von dem destruktiven Wutgefühl befreien.

Dies ist der Zweck der Liebende-Güte-Meditation, nämlich uns von den negativen Emotionen zu befreien, die uns das Leben schwermachen. Diese Meditation schafft eine liebevolle und akzeptierende Haltung uns selbst und anderen gegenüber. Es geht nicht darum, einen besonderen emotionalen Zustand zu erreichen. Statt all die schrecklichen Dinge, die uns auf die Palme bringen, immer wieder durchzugehen, begeben wir uns in eine andere Gefühlslage, indem wir die folgenden Sätze wiederholen:

Möge ich sicher sein und es mir gutgehen.
Möge ich frei von Leiden sein.
Möge ich mit Freude und Leichtigkeit leben.

Die Übungspraxis bewegt sich dann von uns hin zu anderen, angefangen bei einem Freund, dann einem Bekannten, dann jemandem, den wir schwierig finden, und schließlich allen empfindsamen Wesen. So öffnen wir das Herz und senden jemandem, den wir mögen, alles Gute, und dann experimentieren wir mit jemandem, den wir nicht kennen, und dann mit jemandem, den wir nicht leiden können. Selbstverständlich ist es eine Herausforderung, jemandem mit Freundlichkeit zu begegnen, der uns verärgert, aber das ist genau der Punkt in der Übung: zu erkennen, dass selbst diese schwierige Person Hoffnungen und Ängste hat, Freude und Leid, und im Leben kämpfen muss, genau wie wir.

Wenn wir auf jemanden, den wir schwierig finden, freundliche Aufmerksamkeit richten, sollten wir zwei wichtige Dinge beachten. Erstens: Fangen Sie mit jemandem an, den Sie nur etwas unangenehm finden – versuchen Sie nicht, die Übung mit der Person in Ihrem Umfeld zu beginnen, die Sie am schnellsten in Rage bringt. Zweitens: Schaffen Sie sich einen sicheren Platz für sich selbst. Zum Beispiel könnten Sie in Ihrer Vorstellung die Person auf der anderen Seite eines Sees platzieren. Auf diese Weise schaffen Sie eine Pufferzone zwischen sich und der Person, die Ihnen weh getan hat. Mit der Freundlichkeit, die wir ihr schicken, wollen wir die unangenehme Person nicht ändern – es geht darum, die starke Abneigung, die wir in unserem eigenen Herzen tragen, abzumildern. Und sobald wir uns erst einmal von unserer Feindseligkeit befreit haben, können wir leichter auf kreative Weise mit den anderen umgehen, wie die Erfahrung von Jane zeigt:

Ich hatte beschlossen, Freundlichkeitsmeditation jeden Tag als meine Hauptmeditation zu praktizieren. Am meisten überraschte mich, dass mir nach etwa drei Monaten die schwierigen Leute ausgingen. Es ist nicht so, dass sich alle um mich herum verändert hätten; meine Haltung hat sich einfach verändert. Ich fand sie nicht mehr so nervig oder so schwierig.
Und immer wenn jemand etwas Dummes sagte oder tat, benutzte ich es als Stoff für meine Übungen.

Im letzten Teil der Liebende-Güte-Meditation werden gute Wünsche an eine größere Gruppe geschickt, die manchmal «alle empfindsamen Wesen» genannt wird. Was wir hier tun, soll anerkennen, dass wir alle Lebewesen sind, wir sind alle verbunden, wir brauchen alle Freundschaft und die Befreiung von Leiden, unabhängig davon, wo auf diesem Planeten wir leben. Die Ausübung der Liebende-Güte-Meditation wird nicht auf magische Weise das Leid der Menschheit beenden, aber sie wird uns das Gefühl vermitteln, durch unser Mitgefühl mit anderen in Verbindung zu sein. Die Übung der Liebende-Güte-Meditation öffnet uns ein tieferes Bewusstsein dafür, dass wir nicht allein sind.

Wann sollten wir Liebende-Güte-Meditation praktizieren?

Wenn uns starke Emotionen beherrschen, kann diese Art der Meditation den Seelenschmerz mildern. Wenn uns jemand verletzt hat, müssen wir zuerst uns selbst Freundlichkeit schenken, und wenn wir uns dann stabil genug fühlen, auch dem Menschen, der uns verletzt hat. Wenn wir uns des Leids anderer Menschen auf der Welt bewusst sind und uns machtlos fühlen, wenn es darum geht, zu helfen, ist die Liebende-Güte-Meditation ein Weg, sich mit dieser größeren Gruppe zu verbinden und ihr zumindest unsere mitfühlende Aufmerksamkeit zu schenken. Hier ist eine Geschichte von Saleem, die zeigt, wie wir uns in jedem Moment an die Weisheit der Güte wenden können:

Ich hatte in einer Woche die Liebende-Güte-Meditation im Kurs gelernt – ohne mir bewusst zu sein, dass ich sie so bald schon brauchen würde. Ein paar Tage danach war ich mit dem Auto unterwegs, als ich auf der Straße von einem jungen Mann in einem weißen Lieferwagen geschnitten wurde, der wütend seine Faust in meine Richtung schüttelte. Plötzlich, ungebeten, kamen mir die Worte der liebenden Güte in den Sinn, und als er weiter die Straße hoch davonraste, wünschte ich ihm: «Mögest du sicher sein und es dir gutgehen, mögest du in Glück und Frieden leben, mögest du frei von Leiden sein.» Der Effekt war erstaunlich: Die Empörung, die ich gespürt hatte, verschwand völlig. Und mir kam eine machtvolle Erkenntnis – dass dieser zornige junge Mann litt.

Freundlichkeit zu üben, half nicht nur mir, sondern vielleicht (so hoffe ich) auch ihm.

Die kürzeren Übungen

Essmeditation

In einem achtwöchigen Achtsamkeitskurs ist dies eine der ersten Übungen, die Sie machen werden. Ihr Lehrer wird Ihnen eine Rosine (oder etwas Ähnliches) geben und Sie auffordern, sie sich anzusehen, zwischen den Fingern zu fühlen, ihr zuzuhören (Quetschen hilft), sie zu riechen und schließlich in den Mund zu stecken, damit der Prozess des Schmeckens beginnen kann.

Alle Ihre Sinne für etwas so Einfaches wie eine Rosine zu nutzen, erscheint am Anfang vielleicht etwas merkwürdig.

Die Bedeutung dieser Übung liegt darin, sich darüber bewusst zu werden, dass wir die meiste Zeit, wenn wir etwas essen, dies kaum wahrnehmen, schmecken oder genießen. Diese Gelegenheit, aus dem Autopiloten herauszukommen und das Essen, das wir uns in den Mund stecken, tatsächlich zu würdigen, ist eine tiefgehende Übung. Unsere Sinne für das Sehen, Riechen, Fühlen, Hören und Schmecken einzusetzen, wenn wir essen, verändert nicht nur den Akt des Essens, es bringt uns auch in den gegenwärtigen Moment. Und es kann, wie Bellas Geschichte veranschaulicht, überraschende Auswirkungen haben:

Mein Dad, der angefangen hat, sich mit Achtsamkeit zu beschäftigen, schlug vor, mir beizubringen, wie man isst. Ich dachte, das klingt bescheuert – schließlich esse ich seit Jahren, oder? –, aber trotzdem sagte ich ja. Er nahm also eine Apfelsine, und wir aßen unsere Stückchen mit Achtsamkeit. Die Farbe, die äußere Haut, das Häutchen um jede Spalte, die Saftigkeit, das Fruchtfleisch – er brachte mich dazu, langsamer zu essen, und das war wirklich gut. Als ich also das nächste Mal mit Freunden in der Stadt war, gingen wir in einen Fastfood-Laden, und ich fragte mich, was wohl passieren würde, wenn ich diesen Hamburger mit Achtsamkeit essen würde. Also probierte ich es. Ich guckte und roch (das Hören habe ich übersprungen) und schmeckte, verlangsamte das Kauen, sodass ich ihn richtig schmecken konnte. Wisst ihr was? Je mehr ich den Hamburger kaute und tatsächlich schmeckte, desto schlechter wurde der Geschmack. Es war fast so, als könnte ich die ganzen chemischen Stoffe darin schmecken. Um ehrlich zu sein, er war so ekelhaft, dass ich ihn nicht mal aufessen konnte.

Drei Atemzüge

Wo immer Sie sind, wenn Sie dieses Buch in Händen halten, machen Sie bitte eine Pause ...
Nehmen Sie jetzt drei Atemzüge, langsam ...
Achten Sie auf die Stellen im Körper, die sich mit dem Atem bewegen.
Lassen Sie den gesamten Körper einatmen ... und ausatmen. Vielleicht möchten Sie auch die Augen schließen.
Diese Übung, wenn Sie sie gerade ausprobiert haben, dauerte wahrscheinlich nicht einmal eine Minute. Und trotzdem hat sie die magische Fähigkeit, unseren zerstreuten Geist zurückzuholen und fest, auf wunderbare Weise, im gegenwärtigen Moment zu verankern.
Drei Atemzüge zu nehmen, ist eine Praxis, für die selbst jemand, der extrem eingespannt ist, Zeit finden kann. Versuchen Sie es, während Sie im Verkehr festsitzen, während sich das Wasser im Wasserkocher aufheizt oder während Sie auf einen Anruf warten. Drei Atemzüge zu nehmen, ist eine Möglichkeit, «Wartezeit» (wenn wir nicht wahrhaftig anwesend sind) in eine Gelegenheit zu verwandeln, diesen kostbaren Moment zu genießen. Phantastisch an diesen drei Atemzügen ist, dass Sie keine Zeit damit «verschwenden» müssen, auf etwas zu warten, denn Sie sind immer hier im Moment und üben, wertschätzen, atmen.

**Wann wir drei Atemzüge nehmen sollten:
Zu jeder Zeit. Beim Warten. Jetzt.**

Achtsamkeit bei täglichen Handlungen

Sie erinnern sich vielleicht an die Geschichte von Adam in Kapitel 3 – wie er achtsam wurde, während er sich die Zähne putzte. Tatsächlich können wir uns entscheiden, bei allen unseren Tätigkeiten achtsam zu sein: beim Duschen, beim Gemüseschneiden oder beim Zuhören, wenn jemand mit uns spricht. Aufmerksamkeit benötigt keine zusätzliche Zeit; sie bedeutet einfach, dass wir für die kleinen, alltäglichen Momente in unserem Leben aufmerksam sind.

Der Drei-Minuten-Atemraum

Diese Übung wurde für die Kognitive Therapie, die auf Achtsamkeit beruht (MBCT – Mindfulness Based Cognitive Therapy), entwickelt, als einfache Methode, sich unserem Erleben, so, wie es ist, zu öffnen. Sie hat normalerweise drei Phasen, und in jeder Phase untersuchen wir einen Aspekt unserer Erfahrung:

- Was passiert im Kopf, in den Emotionen und im Körper?
- Die volle Konzentration auf den Atem, wie er in den Körper kommt ... und wieder hinausgeht (mindestens fünf Atemzüge lang).

- Die Erweiterung der Bewusstheit auf den ganzen Körper, mit einem Gefühl dafür, wer wir sind, wo wir sind und wie wir mit der Umgebung verbunden sind.

Diese Übung wird «Drei-Minuten-Atemraum» genannt, aber sie kann sogar noch weniger Zeit in Anspruch nehmen oder auch länger ausgedehnt werden. Der Zweck des Atemraums ist, mit dem in Kontakt zu kommen, wie wir uns empfinden. Wir holen uns aus der Zukunft zurück, kommen aus der Vergangenheit in die Gegenwart und richten unsere Aufmerksamkeit darauf, wie wir genau jetzt sind. Das mag einfach klingen, aber die meiste Zeit sind wir nicht wirklich in Kontakt mit dem, wie es uns gerade geht. Wir wissen nicht immer, wo unsere Gedanken herumschweifen; wir sind uns über unsere Gefühle nicht klar; wir ignorieren unseren Körper, wenn er nicht gerade schmerzt. Obwohl der Atemraum nicht lang ist, kann er uns dazu bringen, innezuhalten und uns neu auszurichten.

Wann sollten wir den Drei-Minuten-Atemraum nutzen?

Wenn es zu hektisch wird oder wenn man beginnt, sich von allem überwältigt zu fühlen, kann der Atemraum helfen, innezuhalten und die Achtsamkeit wiederzugewinnen. Viele nutzen den Atemraum bei der Arbeit: Sie gehen zur Toilette, üben dort den Atemraum und kehren erfrischt an ihren Schreibtisch zurück. Wenn man sich abends ins Bett legt, kann der Atemraum helfen, den Tag loszulassen und das Einschlafen zu erleichtern. Es ist auch eine schöne Übung, um vom Warte-Modus ins Sein umzuschalten. Warten Sie auf eine wichtige E-Mail? Das ist ein perfekter Moment für den Atemraum.

Geh-Meditation

Haben Sie jemals beobachtet, wie ein kleines Kind laufen lernt? Wenn ja, dann haben Sie vielleicht ein Gefühl für das Wunder jenes Moments, wenn wir das erste Mal den ganzen Körper aufrecht auf zwei kleinen Füßen halten können. Wenn wir die Geh-Meditation praktizieren, ist dies eine Gelegenheit, sich wieder mit diesem Wunder zu verbinden und die Komplexität eines jeden Schrittes zu bewundern. Obwohl die meisten von uns jeden Tag laufen, ohne besonders darüber nachzudenken, ist die Geh-Meditation im Grunde eine fortgeschrittene Übung. Denn wenn wir laufen, finden viele feine Bewegungen statt, und es braucht einige Übung, um jeder von ihnen der Reihe nach Aufmerksamkeit schenken zu können.

Wie wir uns der Geh-Meditation nähern können

Die Geh-Meditation kann eine kurze Übung sein – etwas, das wir nur ein paar Minuten lang tun –, es kann aber auch eine ausgedehnte Meditation werden. Die Länge der Zeit spielt weniger eine Rolle als die Art und Weise, in der wir dem, was wir tun, Aufmerksamkeit schenken.

Es ist sinnvoll, die Geh-Meditation im Stehen zu beginnen und zu spüren, dass wir uns ausbalancieren, wenn wir stehen. Der Akt des Stehens erfordert in jedem Moment eine Art Feinabstimmung, damit wir nicht umfallen. Wenn Sie das spüren können, erwägen Sie den ersten Schritt. Achten Sie darauf, welche Körperseite ganz selbstverständlich führt. Achten Sie darauf, wie das Gewicht sich auf das Standbein verlagert, sodass der Fuß, mit dem Sie den Schritt machen wollen, sich abheben kann. Achten Sie auf die Bewegungen in den Zehen, der Ferse, dem Knie, der Hüfte. Atmen Sie ein, wenn Sie den Fuß heben, machen Sie einen kleinen Schritt und atmen Sie aus, wenn Sie den Fuß wieder auf den Boden setzen. Nehmen Sie wahr, dass langsam auf diese Weise zu laufen schwieriger ist und mehr Gleichgewichtssinn erfordert. Machen Sie kleine Schritte und bewegen Sie sich langsam mit dem Atem, zehn oder zwölf Schritte lang. Dann können Sie sich umdrehen und auf die gleiche Weise wieder zurück zum Ausgangspunkt gehen. Spüren Sie dabei immer Ihre Fußsohlen.

Das Wichtige bei der Geh-Meditation ist, dass wir nicht gehen, um irgendwo hinzukommen – wir gehen, um in diesem Moment anwesend zu sein. Um diesen Punkt noch zu unterstreichen, kann man sich beim Aufsetzen des Fußes jeweils still sagen: ankommen ... ankommen.

Wenn wir Grundlagen der Geh-Meditation beherrschen, können wir uns einen weiteren, tiefer gehenden

Aspekt dieser Praxis ansehen. Und zwar: Wenn wir gehen, gehen wir auf der Erde. Wir berühren die Erde. Die Erde ist unser Planet, unsere Heimat. Sie ernährt uns, gibt uns die Luft zum Atmen, löscht unseren Durst. Sie umhüllt uns mit ihrem Gravitationsfeld. Ohne die Erde wäre niemand von uns am Leben. Ohne die Erde könnten diese Worte nicht geschrieben werden, und Sie könnten sie auch nicht lesen. Obwohl wir auf der Erde laufen und fahren, ohne uns groß darüber bewusst zu sein, sind wir auf sie angewiesen, was jeden einzelnen Aspekt unseres Daseins betrifft. Wenn wir die Geh-Meditation praktizieren, ist das eine gute Gelegenheit, unserem Planeten unsere Wertschätzung zu erweisen. Das können Sie einfacher im Freien tun, und noch einfacher, wenn Sie sich abseits von Beton auf dem Gras oder dem Erdboden bewegen. (Wie viele von uns bewegen sich tagelang, ohne direkten Kontakt mit der Erde zu haben?) Wenn es warm ist, können Sie sogar Ihre Schuhe ausziehen. Stellen Sie sich hin und spüren Sie die Verbindung mit diesem lebenden, atmenden Planeten. Wenn Sie einen Schritt machen, drücken Sie in diesem Schritt Ihre Achtung für den Boden aus, auf dem Sie laufen – als ob Ihre Fußsohle die Erde streicheln würde, um ihr Zärtlichkeit und Rücksicht entgegenzubringen. Beim Gehen können Sie sogar das Gefühl haben, dass die Erde Ihnen als Gegengabe ihre Lebensenergie schenkt. Auf diese Weise zu laufen, lässt jeden Schritt zu einem Ausdruck von Dankbarkeit und Liebe werden. So hat die Geh-Meditation das Potenzial, unsere Sicht auf die Welt und unsere Verbindung zu unserem Planeten zu transformieren.

Wann sollten wir die Geh-Meditation praktizieren?

In jedem Moment, in dem Sie laufen, ist es möglich, in die Geh-Meditation zu wechseln – und ein Gang zum Supermarkt wird so zur Meditation. Sie brauchen dabei nicht langsam zu gehen; vielmehr sollten Sie beim Laufen einfach Ihre Aufmerksamkeit darauf richten, wirklich präsent und lebendig in der Welt zu sein.

Die Geh-Meditation ist auch gut, wenn sich Ihr Körper in einer statischen Haltung unwohl fühlt. Zwischen längeren Perioden der Sitzmeditation ist sie eine Wohltat für den Körper. Sie kann auch nachts hilfreich sein: Das nächste Mal, wenn Sie von Schlaflosigkeit heimgesucht werden, versuchen Sie, aufzustehen und langsam herumzugehen, richten Sie Ihre Aufmerksamkeit dabei auf den Atem und Ihre Fußsohlen.

Manchmal haben wir im Kurs jemanden im Rollstuhl, und über die Jahre haben diese Menschen uns gelehrt, dass die Räder keinen Hinderungsgrund für die Geh-Meditation bedeuten. Vielleicht sollte man es besser «Roll-Meditation» nennen. Jedenfalls: sich hin und her zu bewegen, auf die Teile des Körpers zu achten, die die Bewegung ermöglichen, zu atmen und das Gefühl des Ankommens – alle diese Elemente stehen uns allen zur Verfügung.

Gedanken benennen

Obwohl dies in den meisten Achtwochenkursen nicht zu den Kernübungen gehört, haben die Kursteilnehmenden über die Jahre berichtet, dass das Benennen von Gedanken unglaublich hilfreich sei. Daher stelle ich es hier als ein weiteres kleines Instrument für Ihren Werkzeugkoffer vor. Es kann besonders nützlich sein, wenn die Gedanken immer wieder um dieselbe Sache kreisen oder wenn eine bestimmte Gedankenfolge mit solcher Geschwindigkeit abläuft, dass sie nicht aufzuhalten scheint.

Im Kurs benutzen wir eine Uhr für diese Übung und arbeiten in Phasen. (Sie brauchen jetzt eine Uhr.) Diese sind:

- Zählen Sie zuerst, wie oft Sie in einer Minute ausatmen.
- Zählen Sie dann, wie viele Gedanken Sie in einer Minute haben. Wenn Sie bemerken, dass ein Gedanke aufkommt, zählen Sie ihn und kehren Sie zurück zum Atem, bis Sie den nächsten Gedanken bemerken, und zählen Sie diesen auch.
- Jetzt sind Sie bereit für die dritte Phase, die darin besteht, den Gedanken zu benennen: Wenn er auftaucht, stellen Sie fest, zu welcher Art von Gedanken er gehört, und benennen Sie ihn.

Hier ein paar der üblichen Arten des Denkens:

- bewerten
- planen

- analysieren
- sich etwas vorstellen
- tagträumen
- sich Sorgen machen
- Probleme lösen
- sich erinnern
- etwas in Frage stellen
- visualisieren
- fiktive Gespräche führen
- rechtfertigen
- beschuldigen

Und so weiter ... Ihr eigenes Denken bietet vielleicht noch weitere Kategorien, die Sie der Liste hinzufügen können. Das Wichtigste beim Benennen Ihrer Gedanken ist Folgendes: Sie fangen an, wahrzunehmen, dass Sie bestimmte Bereiche bevorzugen. Manche von uns sind Planer, andere beschäftigen sich ständig mit Ereignissen aus der Vergangenheit. Der zweite Aspekt des Benennens von Gedanken ist, dass wir in dem Moment, in dem wir einordnen, was im Kopf vorgeht – *beurteilen, beurteilen* oder *sich sorgen, sich sorgen* –, eine Gelegenheit erschaffen, uns aus der Blockade zu befreien. Wenn wir einen Gedanken etikettieren, treten wir einen Schritt zurück von seinem Inhalt: «*Oh, wieder so ein wertender Gedanke.*» Das ist alles. Auf wundersame Weise kommt das Gedankenkarussell zum Halten.

Wann sollen wir das Benennen von Gedanken einsetzen?

Diese Übung ist immer nützlich, wenn unsere Gedanken ständig um dasselbe kreisen. Oft ist der Geist in der Sitzmeditation extrem aktiv: Sobald wir dies bemerken, können wir uns durch das Ordnen der Gedanken aus der Verstrickung befreien und in die Gegenwart zurückkehren.

Übungen für schwierige Zeiten

Hier sind zwei Übungen, die uns in schwierigen, unangenehmen Situationen helfen können. Achtsamkeit inmitten von Problemen zu nutzen, ist wichtig, weil uns klar wird, dass ...

a) das Problem uns nicht daran hindert, die Übungen zu machen – stattdessen kann es zum Gegenstand unserer Übungen werden;
b) wir dadurch, dass wir uns der schwierigen Erfahrung zuwenden, statt sie zu vermeiden suchen, plötzlich die Fähigkeit haben, unser Leben zu verändern und «Stroh zu Gold» zu machen.

Im Englischen nennen wir dieses Werkzeug RAIN, gebildet aus den Anfangsbuchstaben der Begriffe Recognising, Allowing, Investigating, Non-selfing. Im Deutschen lässt sich leider kein so leicht zu merkender Begriff kreieren.

RAIN ist ein wertvolles Werkzeug, ein bisschen so etwas wie ein verstellbarer Schraubenschlüssel.

Egal, wie groß die Schwierigkeit ist, wir können dieses Werkzeug nutzen, um sie in den Griff zu bekommen. Es gibt vier Elemente:

- Erkennen
- Zulassen
- Untersuchen
- Vermeiden von Selbstbezogenheit

Die ersten drei Elemente sind sehr klar. Wenn etwas auftaucht, was Unbehagen verursacht, erkennen Sie einfach an, was passiert: *Ich bin gestresst, weil ich hier sitze und darauf warte, beim Zahnarzt dranzukommen.*

Der nächste Schritt besteht darin, mir meinen Gefühlszustand ohne Wertung einzugestehen – statt ihn zu verdrängen: *Ja, ich bin wirklich nervös.*

Etwas zuzulassen, führt natürlicherweise zur Untersuchung dessen, was in einem vorgeht: *Mein Magen ist zu einem Klumpen zusammengezogen, meine Hände sind verschwitzt, meine Atmung geht zu schnell. Ich habe wirklich Angst, und ich möchte am liebsten davonlaufen.* Im Prozess der Untersuchung können wir uns genauer ansehen, warum wir Probleme mit der Situation haben: *Als ich Kind war, hatte ich einen Zahnarzt, vor dem ich richtig Angst hatte. Der Bohrer machte so ein grässliches Geräusch. Ich verstand nicht wirklich, was da vor sich ging, ich fühlte mich hilflos und hatte Schmerzen. Aber dieser Zahnarzt hier ist eigentlich anders, und ich habe mich selbst entschieden, hierherzukommen. Schmerzen lassen sich heutzutage viel leichter vermeiden, und ich kann etwas sagen, wenn es zu sehr weh tut. Ich kann sogar meine Atemübungen machen, wenn ich auf dem Zahnarztstuhl sitze, und Achtsamkeit praktizieren, um zu entspannen – mal sehen, wie gut ich das alles schaffe.*

Und der letzte Schritt, auf den wir uns oft am wenigsten besinnen können, ist das Absehen von uns selbst: Eigentlich hat der Zahnarzt aus meiner Kindheit nicht versucht, mir weh zu tun. Er wollte einfach einen kaputten Zahn in Ordnung bringen, und es ist wahrscheinlich gar nicht so einfach, in dem kleinen Mund eines Kindes zu arbeiten. Der letzte Schritt ist der magische Moment, wenn wir uns selbst aus unserer «Geschichte» befreien und eine erweiterte Perspektive gewinnen, in der sich nicht die ganze Welt um uns dreht – und das ist zutiefst befreiend.

Mit der Schwierigkeit sein

Dies ist eine weitere hilfreiche Weise, mit Problemen umzugehen. Am besten üben Sie dies ein paarmal vorher, dann ist es einfacher zu praktizieren, wenn Sie es wirklich in einer schwierigen Situation brauchen.

- Denken Sie an irgendeine Schwierigkeit (Tipp: Beginnen Sie mit etwas Kleinem).
- Finden Sie die Stelle im Körper, die beim Gedanken an diese Schwierigkeit sich verspannt. Wenn Sie keine be-

stimmte Stelle ausmachen können, konzentrieren Sie sich auf den Bereich, wo Sie normalerweise Spannung fühlen.
- Atmen Sie jetzt in den verspannten Bereich hinein und dann von dorther aus. Der Atem sollte wie eine Massage sein oder eine warme Hand, die den schmerzenden Stellen im Körper Trost und Linderung spendet.

Bei dieser Übung «wechseln wir den Kanal». Statt uns auf das Problem in der mentalen Sphäre zu konzentrieren, wechseln wir zur körperlichen Ebene und kümmern uns durch das Atmen um diesen physischen Bereich. Die faszinierende Wahrheit über die Menschen ist, dass es keine Trennung zwischen Körper und Geist gibt – sodass, wenn wir das Leiden auf der körperlichen Ebene lindern, oft auch die Anspannung auf der mentalen abnimmt.

Herausfinden, was für Sie passt

In einem Achtsamkeitskurs wird vieles angeboten. Wir haben zwölf verschiedene Wege der Arbeit mit Achtsamkeit untersucht, und je nach Mindfulness-Kurs, den Sie besucht haben, haben Sie vielleicht noch mehr kennengelernt. Natürlich ist es nicht möglich, sich innerhalb eines achtwöchigen Kurses ausführlich mit all diesen Meditationstechniken zu beschäftigen. Ein Kurs bietet eher ein «Buffet», von dem man sich etwas auswählen kann. Ein Buffet deswegen, weil für verschiedene Menschen unterschiedliche Übungen funktionieren. Für manche entsteht durch die Liebende-Güte-Meditation eine grundlegende Veränderung, und sie bleibt ihre tägliche Übung. Für andere ist es der Body-Scan. Es kommt nicht wirklich darauf an, welche Übung Sie wählen – wichtig ist, dass Sie eine Übung finden, die Ihnen guttut, und sie erforschen.

Manchmal wird es passieren, dass Ihnen eine Übung im Laufe der Zeit nicht mehr interessant genug vorkommt. In diesem Fall registrieren Sie es einfach und wählen dann eine andere Übung aus Ihrem Werkzeugkoffer. Es ist eine großartige Sache, dass Sie in den acht Kurswochen zahlreiche Informationen und verschiedenste Arten achtsamer Meditation bekommen haben – genug für ein ganzes Leben.

16. Über das Atmen

Heute beim Füllen der Futterhäuschen eine Handvoll Erdnüsse auf das Brett für die Vögel gelegt. Fast sofort erscheint ein Eichelhäher und prüft zuerst von einem nahen Ast aus die Lage, bevor er heruntersaust und dann, in einer eleganten Kurve, wieder nach oben, um schließlich auf dem Brett zu landen. Er fliegt heran und wieder fort, heran und fort, und versteckt Erdnüsse tief im Wald.

Der Atem ist grundlegend für unsere Existenz. Unser erster Akt, wenn wir geboren werden, besteht darin zu atmen. Der erste Atemzug mag uns in der Lunge brennen, aber unser Körper weiß instinktiv, dass dies geschehen muss. Ein Atemzug ist auch unser letzter Akt, und wenn der nächste nicht stattfindet, haben wir schließlich alles Leben «ausgehaucht».

Im Laufe der Geschichte wurden zwischen dem Atem und der Seele tiefgehende Verbindungen gezogen. Die alten Griechen glaubten, dass der Atem, Pneuma, Teil unserer Seele und unseres Geistes sei. Das japanische Wort Ki (wie in Ki Gung oder Qigong) bedeutet Luft, Geist und Energie. Im Sanskrit ist Prana der Atem, aber auch die subtile Lebenskraft im Körper. Das chinesische Zeichen für Atem besteht aus Ideogrammen für «bewusstes Selbst» oder «bewusstes Herz». All diese Sichtweisen legen nahe, dass der Atem mehr ist als der physische Akt, Sauerstoff aufzunehmen und Kohlendioxid abzugeben. Der Atem ist die Verbindung zwischen dem Körperlichen und dem Immateriellen, er erhält unsere physische Existenz und verbindet uns gleichzeitig mit den tiefer liegenden Dimensionen. Nennen Sie es Seele, Geist, Lebenskraft oder welches Wort auch immer Ihnen am passendsten erscheint. Jedes Mal, wenn wir einatmen, verbindet uns der Atem mit uns selbst und mit der Welt.

Wenn man den Atem auf diese Weise betrachtet, überrascht es nicht, dass er für die meisten spirituellen Traditionen eine zentrale Stelle in der Meditation einnimmt. Allerdings ist überraschend, dass zumindest in modernen Mindfulness-Kursen sehr wenig darüber gesagt wird, wie man atmen sollte. Ganz allgemein heißt es, den Atem zu beobachten, und nicht viel mehr. Das ist gut, wenn der Atem mit Leichtigkeit auf und ab fließt, aber nicht hilfreich, wenn er gestört ist. Wenn der Atem unruhig ist, und besonders für diejenigen, die gewohnheitsmäßig hyperventilieren, kann die Aufmerksamkeit auf den Atem darauf hindeuten, dass etwas nicht in Ordnung ist – was wiederum noch mehr Unruhe erzeugt. Dies führt dann zu einem großen Hindernis für die Übungen: Wenn das Achten auf den Atem einen sogar noch aufgeregter macht, dann vermeidet man es lieber, wie diese Geschichte von Angie zeigt:

Ich kam wegen meiner Nervosität zum Achtsamkeitskurs. Aber beinahe von der ersten Übung an sollten wir uns auf den Atem konzentrieren. Immer wenn ich auf meinen

Atem achte, gerate ich in Panik – ich weiß, es klingt verrückt, aber ich denk dann, ich kann nicht weiteratmen. Zum Glück habe ich einer der Lehrerinnen davon erzählt. Und sie schlug vor, ich solle aufhören, mich auf meinen Atem zu konzentrieren. Stattdessen fing ich an, auf die Geräusche zu lauschen. Weil die außerhalb meines Körpers waren, machte mir das weniger Angst. Ich kam erst dann gut mit der Meditation klar, als ich aufhörte, mir Gedanken um den Atem zu machen.

Weil solche Probleme in Verbindung mit dem Thema «Atmen» auftreten können, bietet dieses Kapitel eine behutsame Erkundung des Atems.

In Kapitel 3 wurde das Nervensystem erklärt. Um es kurz zu wiederholen: Wenn wir im «Kampf-oder-Flucht»-Modus sind, ist das sympathische Nervensystem im Einsatz. Wenn wir uns dagegen in einem entspannten Zustand befinden, hat das parasympathische Nervensystem übernommen. Die Atmung wird von diesem autonomen Nervensystem reguliert: Wenn wir im Modus «Kampf oder Flucht» sind, wird ein großer Teil der Atmung von den Muskeln des oberen Brustbereichs übernommen. Wenn wir entspannt sind, atmen wir hauptsächlich mit dem Zwerchfell.

Das Zwerchfell ist ein kuppelförmiger Muskel, der waagerecht im Körper liegt, unterhalb der Lunge und oberhalb des Magens und der Leber. Wenn wir einatmen, zieht es sich zusammen und bewegt sich nach unten in den Bauchraum, was die Lungen öffnet. Wenn wir ausatmen, bewegt sich das Zwerchfell wieder in den Brustkorb hinein, sodass die Lungen kleiner werden, was ein Ausatmen erzeugt. Zwei Schenkel ziehen das Zwerchfell hinunter in den Bauchraum, und sie verbinden es auch mit der Lendenwirbelsäule. Diese Schenkel ziehen sich zusammen, das Zwerchfell wird heruntergezogen, und die Lungenflügel öffnen sich. Das heißt, wenn Sie in entspanntem Zustand einatmen, dehnt sich der Bauch aus, und wenn Sie ausatmen, flacht er wieder ab.

Haben Sie jemals ein auf dem Rücken liegendes Baby gesehen, das einfach nur atmete? Babys sind, wenn sie nicht gerade aufgeregt sind, versierte Bauch-Atmer – was bedeutet, dass wir alle, vor langer, langer Zeit, instinktiv wussten, wie man mit dem Zwerchfell atmet.

Wenn wir älter werden, nehmen wir viele Gewohnheiten an – wie wir stehen, was wir essen und auch wie wir atmen. Besonders, wenn wir sehr darauf fixiert sind, dünner auszusehen, ist der Gedanke, den Bauch auszudehnen, nicht wirklich verlockend. So kommt es dazu, dass wir den Bauch einziehen, und das Zwerchfell kann irgendwann nicht mehr richtig arbeiten. Der Atem wird in den Brustkorb hochgedrückt, und wenn wir Brust-Atmer sind, beginnen wir zu hyperventilieren. Wenn wir hyperventilieren, ziehen sich die Arterien im Gehirn zusammen, was Kopfschmerzen und Konzentrationsprobleme verursachen kann. Der Sauerstoff, den wir einatmen, wird nicht zu den Zellen transportiert, die ihn benötigen, was zu Schwindel und Atemlosigkeit führt. Die Arterien im Körper ziehen sich zusammen, was kalte Hände und Füße und sogar Zittern verursachen kann. Die Muskeln werden steif. Schließlich haben wir zu wenig Kohlenstoffdioxid, wodurch nervöse und emotionale Überreaktionen ausgelöst werden. Hier die Symptome der Hyperventilation nach dem «Journal of the American Medical Association»:

Müdigkeit, Erschöpfung, Herzrasen, erhöhte Pulsfrequenz, Schwindel, Sehstörungen, Kribbeln und Taubheit, Kurzatmigkeit, Gähnen, Brustschmerzen, Knoten im Hals, Angst, Schlaflosigkeit, Albträume, Beeinträchtigung der Konzentration und des Gedächtnisses sowie das Gefühl, «den Verstand zu verlieren».

Woher wissen Sie, ob Sie zur Hyperventilation neigen? Einen Anhaltspunkt bietet die Zahl Ihrer Atemzüge pro Minute: Zwölf bis vierzehn pro Minute für Männer, vierzehn bis fünfzehn pro Minute für Frauen werden als normal angesehen. Wenn Sie deutlich schneller atmen, könnte es sein, dass Sie vielleicht das Zwerchfell nicht in effektiver Weise nutzen.

Doch hier liegt das Problem: Wenn Sie denken, es gebe nur eine richtige Art zu atmen, und wenn Sie außerdem noch denken, dass Sie so nicht atmen, ist es vermutlich eher schwierig, dies zu korrigieren. Unsere Atmung ist eine Gewohnheit – wir verwenden normalerweise keinen Gedanken darauf, sie findet einfach statt. Und wenn dies viele Jahre lang so geschah, ohne das Zwerchfell einzusetzen, dann wird es einige Zeit dauern, bis Sie gelernt haben, es wieder zu aktivieren. Es braucht Aufmerksamkeit,

Freundlichkeit und, am wichtigsten, eher eine einladende Haltung als eine Kraftanstrengung.

Wenn Sie Ihren Atem erforschen wollen, hier einige Übungen:

1. Experimentieren mit dem Ort des Atems

Setzen Sie sich auf einen Stuhl, aufrecht und entspannt. Legen Sie eine Hand auf die Brust und die andere auf den Bauch. Atmen Sie in den Brustkorb und fühlen Sie dabei (nicht zu lange), wie sich die Hand auf der Brust bewegt. Achten Sie darauf, wie sich die Länge der Atemzüge verändert und wie sich das anfühlt.

Verändern Sie jetzt Ihre Atmung und atmen Sie in den Bauch – lassen Sie den Bauch sich etwas ausdehnen, wenn Sie einatmen, sodass Sie die Bewegung mit der Hand fühlen können. Achten Sie wieder darauf, was mit der Länge der Atemzüge passiert und wie die Bauchatmung Ihren emotionalen Zustand und Ihr Denken beeinflusst.

2. Das Zwerchfell entdecken

Setzen Sie sich wieder auf einen Stuhl. Fühlen Sie mit den Fingerspitzen gerade unter den unteren Rand Ihres Brustkorbs. Halten Sie die Finger dort und husten Sie dann. Sie werden spüren, wie ein Teil des Körpers sich gegen Ihre Finger aufbläht: Das ist Ihr Zwerchfell! Sie können es noch einmal an den Seiten des Körpers versuchen und selbst im Rücken. Auf diese Weise mit dem Zwerchfell in Kontakt zu sein, gibt Ihnen ein besseres Gefühl dafür, wie Sie es bewegen können, wenn Sie atmen.

Abbildung 5: Das Zwerchfell

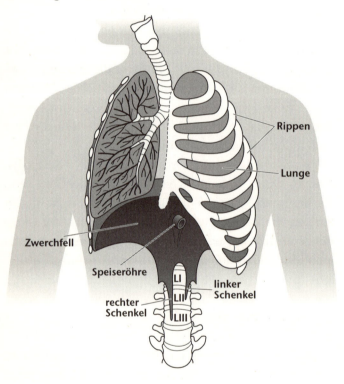

3. Den Atem beobachten

Es gibt beim Atem viele Dinge, auf die Sie achten können, wie zum Beispiel:

- Welcher Bereich des Körpers bewegt sich am meisten, wenn Sie atmen?
- Wo im Körper beginnt die Atmung?
- Fühlt sich die Atmung schnell oder langsam an?
- Achten Sie auf die Länge des Einatmens, die Länge des Ausatmens und die Länge jeder Pause nach dem Ausatmen.
- Fühlt sich der Atem gleichmäßig oder unregelmäßig an?
- Fühlt sich der Atem flach oder tief an?

4. Das Bewusstsein für die Atmung nutzen

Wenn wir uns einmal des Atems bewusst geworden sind, können wir die Achtsamkeit als Hilfe nutzen, um eine größere Gelassenheit zu gewinnen und aufrechtzuerhalten. Dies kann auf zwei Arten geschehen:

- Experimentieren Sie damit, in den Rücken (besonders den unteren Rücken) zu atmen. Die Atembewegung hier ist nicht so deutlich zu spüren, sodass es einiger Aufmerksamkeit bedarf, sich darauf einzustimmen. In den Rücken zu atmen, beruhigt den Körper wie den Geist.

- Experimentieren Sie damit, die Atembewegung im Bauch auszulösen. Verlängern Sie das Ausatmen leicht, sodass es länger als das Einatmen dauert. Das sendet die Botschaft an das vegetative Nervensystem, in einen entspannteren Zustand zu wechseln.

Durch Achtsamkeitsübungen lernen wir, uns mit dem Atem anzufreunden. Lassen Sie ihn zu einem Verbündeten werden, zu einem Anker, einem Lehrmeister. Empfangen Sie seine ständigen und feinen Botschaften. Arbeiten Sie mit ihm, und er wird jede einzelne Zelle Ihres Körpers beleben.

17. Was passiert im Kopf?

Heute scheint die Sonne so tief und stark herein, dass man nur schwer sehen kann. Das Schilf glitzert, die Regenpfütze schimmert, die Vögel singen mit neuer Intensität. Lanzettförmige Lilienhalme sind aus dem Morast aufgetaucht, klar und entschlossen. Das Sonnenlicht verleiht dem Wald eine Tiefe und einen Glanz, die ihm viele Monate lang gefehlt haben. Alles – und auch der Körper – fühlt sich lebendig an, als ob es lächeln würde.

Was passiert mit dem Geist, wenn wir meditieren? Die grundlegende Antwort auf diese Frage ist: Wir wissen es nicht. Der eine oder andere mag einiges von der Aktivität des eigenen Geistes spüren können, aber das heißt nicht, dass dies für alle anderen genauso gilt. Dennoch ist es hilfreich, eine allgemeine Vorstellung zu haben, was möglicherweise abläuft – sodass wir in den Momenten, wo wir denken, wir «versagen», erkennen können, dass wir in Wirklichkeit einen natürlichen Prozess durchmachen, der zu den Übungen gehört.

Phasen der Meditation

In den klassischen Texten über Meditation werden verschiedene Stadien beschrieben, von denen jedes zu einer tieferen Erfahrung der Versenkung führt. Es gibt vielleicht neun von ihnen oder auch sechzehn oder eine andere Anzahl, je nach Tradition. Für Übende der Achtsamkeit sind die meisten dieser Zustände jedoch so «fortgeschritten», dass der Gedanke, wir sollten versuchen, sie zu erfahren, uns schnell in unsere zielorientierte Gewohnheitsenergie zurückbringt und am Ende frustriert zurücklässt.

Stattdessen beschreibe ich Ihnen hier drei Zustände, die Sie höchstwahrscheinlich entdecken werden, wenn Sie Achtsamkeit praktizieren.

- Das erste Stadium ist der Zustand, in dem wir uns im Moment befinden. Wenn wir mit den Übungen beginnen, bemerken wir zuerst, wie beschäftigt der Kopf ist: wie er Listen und Pläne macht, wie er die Vergangenheit durchkaut, wie verrückt, wie sprunghaft und wie hyperaktiv er ist, wie ein ungestümer junger Hund. Seien Sie nicht entmutigt, wenn Sie dies bemerken – denn Sie beginnen, sich bewusst zu werden, wie sich der Geist normalerweise verhält. Das ist der erste Schritt auf dem Weg.
- Das zweite Stadium der Praxis tritt nach gewisser Zeit ein, wenn Sie dranbleiben; und zwar, wenn die Aktivität des Gehirns ein wenig nachlässt. In diesem Stadium ist unser sonst so rasend aktives «Welpen-Hirn» müde geworden und eingeschlafen. Wenn dies geschieht, nimmt

etwas anderes seinen Platz ein, das man «Default Mode Network» nennt, also Ruhezustandsnetzwerk. Darunter werden eine Reihe anderer Regionen im Gehirn verstanden, die aktiv werden, wenn das normale «Aktiv»-Hirn zur Ruhe gekommen ist. Wenn wir uns in diesem Ruhe-Modus befinden, sind unsere Gedanken mehr wie Tagträume. Unerwartet sprudeln Vorstellungen, Bilder, Phantasien einfach hoch. Manchmal kann dies ein wunderbar kreativer Zustand sein, und zu anderen Zeiten fühlt es sich an, als würde man auf einem warmen Meer dahintreiben. Das Ruhezustandsnetzwerk ist normalerweise ein friedlicherer Teil des Gehirns als das Aktiv-Hirn, aber es bringt uns leicht in einen träumerischen Zustand. Wenn auch der Ruhe-Modus normalerweise kein Zustand des Im-gegenwärtigen-Moment-Seins ist, zeigt er doch an, dass sich das Gehirn nicht in seiner gewohnheitsmäßigen Überaktivität befindet. Deshalb bringt es einen weiter, wenn man merkt, wann dieser Zustand einsetzt.
- Bewusstheit. Zwischen den Gedanken des Aktiv-Modus oder den Tagträumen des Ruhe-Modus gibt es Lücken. In diesen Lücken machen wir die Erfahrung, einfach nur präsent zu sein. In der Achtsamkeit streben wir danach, diese Lücken wirklich wahrzunehmen und ihr Auftreten zu fördern. Hier ist eine Geschichte zur Erklärung:

Ein Schüler fragte einmal seinen Lehrer, wie man meditiert. Der Lehrer sagte: «Du kennst diese Lücken zwischen einem Gedanken und dem nächsten? Nun, mach sie größer.»

Wir arbeiten daran, diese Lücken zu würdigen, weil in jener Pause zwischen einem Gedanken und dem nächsten Stille herrscht. In dieser Lücke versucht das Welpen-Hirn nicht, uns aus der Bahn zu werfen. In diesem Moment können wir hier und jetzt in den Zustand des Seins fallen. Es ist vielleicht nur eine kurze Öffnung, bevor der nächste Gedanke hereinrauscht («Hey, ich denke gerade nicht!»), aber sie bedeutet, dass wir beginnen, reine Bewusstheit zu spüren. Und zu wissen, dass dies möglich ist.

Manchmal nehmen die Gedanken bei den Übungen eine andere Bahn. Auf diesem Pfad verfallen wir nicht ins Tagträumen. Eher bewegen wir uns hin zu einer aktiveren Beziehung zum Denken, weil wir die Aktivität des Geistes (wie oben in Phase eins) wahrzunehmen beginnen; mit anderen Worten, wir fangen an, über unser Denken nachzudenken. Dieses Meta-Denken ist immer noch Denken, aber mehr beobachtend und weniger von der «Geschichte» des jeweiligen Gedankens gefangen. Meta-Denken ist ein sinnvoller Schritt, weil wir, obwohl noch im Denk-Modus, uns zum gegenwärtigen Moment hin bewegen. Wir beobachten, was der Geist *jetzt* macht. Dieses Meta-Denken ist besonders einfach für Therapeuten: Sie sind daran gewöhnt, Gedankenprozesse wahrzunehmen und dann zu analysieren.

Natürlich gibt es noch einen weiteren Schritt: das Analysieren loszulassen und in die Bewusstheit zu gelangen. Bewusstheit braucht keine Worte. Sie hat nichts mit Analysieren zu tun. Sie ist nur diese Erfahrung. Sie ist der Teil unseres Geistes, der größer und weiter ist als der denkende

Verstand. Sie ist unser Beobachter. Sie ist ein Spiegel, der ohne Verzerrung abbildet, welche Aktivität auch immer vor ihm geschieht. Und wenn diese Aktivität vorbeigegangen ist, hält der Spiegel nicht das fest, was nicht mehr da ist. Er reflektiert immer das Jetzt. Nur dies. Deshalb: Bleiben Sie nicht auf halbem Weg stehen, ganz gleich, an welchem

Abbildung 6: Zwei Modelle des Gehirns während der Meditation

Ort oder auf welchem Pfad Sie sich befinden. Lassen Sie sich nicht durch Tagträumen oder Nachdenken über Ihre Gedanken ablenken. Wenn wir meditieren, ist der Prozess des Geistes nicht linear: Er wird immer von einer Phase zur anderen wechseln und wieder zu einer anderen. In welcher Phase auch immer Sie gerade sind, kehren Sie immer wieder zu Ihrem Atem zurück und zu den Empfindungen, die Ihr Körper Ihnen liefert. Wie fühlt sich, genau jetzt, die Luft auf Ihrer Haut an? Auf diese einfache, vorhandene Erfahrung zu achten, eröffnet uns wieder die Weite und Stille und Stabilität unseres menschlichen Bewusstseins. Auf diese Weise können wir das Wunder entdecken, lebendig zu sein.

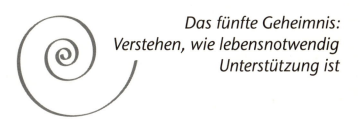

*Das fünfte Geheimnis:
Verstehen, wie lebensnotwendig
Unterstützung ist*

18. Die Unterstützung finden, die wir brauchen

Plötzlich auf der Lichtung, zwei junge gefleckte Rehe. Sie springen ins Blickfeld und dann, fast genauso schnell, wechseln sie die Richtung, sind mit einem Satz über das Gestrüpp verschwunden. Sie waren weniger als eine Sekunde hier, aber das Gefühl, das sie vermittelt haben – flüchtig und frei –, bleibt.

Natürlich bildet die Praxis der Achtsamkeit inmitten unseres täglichen Lebens eine wahre Herausforderung. Traditionell wird von Laien in den östlichen Gesellschaften, wo Mönche und Nonnen Meditation ausüben, gar nicht erwartet, Übungen zu machen. Es genügt, wenn sie Essen oder Geld spenden, Zeremonien beiwohnen und einfachen ethischen Regeln folgen. Das bedeutet, dass unsere Gemeinschaft von Achtsamkeits-Praktizierenden – die ein Leben mit Arbeit, Familie und Geldproblemen und dazu mit einer regelmäßigen Meditationspraxis führen – etwas ganz Revolutionäres schafft: Wir weben ein neues Muster, indem wir das Meditieren mitten in den Alltag eines säkularen Lebens einbinden. Das ist außerordentlich aufregend; doch um diese Revolution zum Erfolg zu führen, brauchen wir Hilfe und Unterstützung. Dieses Kapitel untersucht einige Möglichkeiten, diese Hilfe zu finden.

Inspiration

Hatten Sie je einen Lehrer, der Sie inspiriert hat – jemanden mit Leidenschaft für sein Fach, dem die Schüler und Schülerinnen am Herz lagen, der sie anspornte, über sich hinauszuwachsen? Wir verdanken diesen Lehrern viel: Sie prägen unser Leben. Im Bereich der Mindfulness-Bewegung gibt es viele wundervolle Lehrer. Wenn wir sie sehen, zusammen mit ihnen Übungen machen, sie beobachten, wie sie gehen oder eine Tasse Tee an ihre Lippen führen, wissen wir, dass wir eine Verkörperung von Bewusstheit vor uns haben, und genießen die Freude, die dies mit sich bringt. Bei einem solchen Lehrer zu sein, ist ein großartiges Geschenk: Es ermöglicht das wahre Verständnis der Praxis auf eine Weise, die wir nicht aus Büchern lernen können. Er inspiriert uns zum Üben, weil wir die Früchte der Übungen an ihm so deutlich sehen können.

Wenn Sie das große Glück haben, einen inspirierenden Meditationslehrer zu treffen, hören Sie zu, beobachten Sie und empfangen Sie. Eine einzige Begegnung kann das Feuer Ihrer eigenen Praxis entzünden und es viele Jahre lang brennen lassen. Aber denken Sie daran: Werden Sie nicht «süchtig» nach dem Lehrer. Es gibt einen alten Zen-Spruch über den Finger, der auf den Mond zeigt. Der Lehrer, dem Sie begegnet sind, ist ein Finger, der auf den Mond zeigt: Behalten Sie auf jeden Fall den Mond im Auge (den Weg der Achtsamkeitspraxis) und nicht den Lehrer!

Sobald das Feuer der Inspiration erst einmal brennt, können wir nicht nur von einem großen Lehrer lernen.

Die Spinnweben im Gras, das Geräusch des Regens, der Wind in unserem Gesicht, ein wunderbares Buch – die Welt bietet uns Inspiration in so vielen Formen, wenn wir uns nur ein wenig Zeit nehmen, sie zu bemerken.

Eines Tages reiste ich mit meinem Lehrer und einem anderen Schüler mit dem Zug in einen anderen Teil Japans. Bei der Ankunft an einem Bahnhof am Meer führte uns der Lehrer Hunderte von Steinstufen hinauf zu einem alten Tempel. Dort lebte ein Freund von ihm, der uns ein Mahl zubereitete. Später am Abend erschien plötzlich ein anderer Mönch im Raum. Wusste mein Lehrer, dass er kommen würde? – Ich bin nicht ganz sicher. Der Mönch hieß Murakami-san. Ich kann nicht sagen, wie alt er war, und habe auch kein einziges Wort verstanden, das er sagte. Aber ihn umgab ein Glanz, eine Klarheit, so tiefgründig und machtvoll, dass es mich völlig überwältigte.
Wir blieben über Nacht, und als wir am nächsten Morgen auf dem Bahnsteig standen, fragte ich meinen Lehrer: «Was ist das mit Murakami-san? Es war, als ob er den ganzen Raum erleuchtet hätte. Wie um alles in der Welt kann jemand so werden?»

Mit anderen Menschen üben

Eine Gruppe von Menschen zum Üben zu finden, ist für viele der einzige wirklich hilfreiche Weg zur Unterstützung der Achtsamkeitspraxis. In buddhistischen Kreisen wird dies «Sangha» genannt – das ist die Gemeinschaft, die wir bilden, um uns gegenseitig in unserer Meditation zu stärken.

Wenn Sie schon einmal an einem Achtsamkeitskurs teilgenommen haben, haben Sie wahrscheinlich festgestellt, dass es einfacher ist, die Übungen in der Gruppe zu machen als allein zu Hause. Sie können die Gedanken an die Arbeit und die häuslichen Probleme hinter sich lassen, Sie wissen, Sie sind an einem sicheren Ort, Sie wissen, dass diese spezielle Zeit für die Meditation bestimmt ist. Die Energie der Gruppe trägt Sie. Auch wenn Sie diese Menschen nicht so gut kennen, haben Sie hier und da etwas aufgeschnappt – Sie wissen, dass sie auf verschiedene Arten leiden, genau wie Sie. Es hat etwas erstaunlich Besonderes, dass Sie alle in einem Kreis zusammenkommen und in die innere Ruhe der Meditation eintauchen. Sie teilen etwas, das sich magisch anfühlt, heilig sogar. Diese Kraft entsteht, wenn wir zusammen mit anderen üben. Die Geschichte von Dan, der zunächst skeptisch war, hilft uns, die Wichtigkeit des Praktizierens mit anderen zu erklären:

> Ich hatte mich immer über die Vorstellung lustig gemacht, dass das Meditieren in der Gruppe eine Art spezieller «Energie» hervorrufen würde. Doch ich ging hin, weil ich große Schmerzen hatte. Ich weiß noch, dass sie mit ein paar Dehnübungen begannen, und ich musste dabei sitzen und zusehen.
> Am Ende des Abends hörte ich eine Stimme sagen: «Ich möchte euch allen einfach nur dafür danken, dass ihr hier

mit mir zusammen seid und meditiert, obwohl ich die Übungen nicht mitmachen kann. Ich finde das unglaublich hilfreich und gut.» Ich sah mich um, wer da redete, und stellte fest, dass ich es war!

Ob und wie Sie eine Gruppe zum gemeinsamen Üben finden, hängt davon ab, wo Sie leben. In einigen urbanen Gegenden werden Sie die Qual der Wahl haben und wahrscheinlich an fast jedem Abend eine andere Gruppe ausmachen können. Woanders können Sie sich vielleicht glücklich schätzen, wenn Sie jemanden finden, der bereit ist, einmal pro Woche mit Ihnen zusammenzusitzen. Aber eine Person genügt. Sie können einer der Übungen aus dem Kurs auf einer CD lauschen und danach eine Tasse Tee zusammen trinken. Wenn Sie in einem Buch eine anregende Stelle gefunden haben, ist dies der Freund, mit dem Sie sie teilen können. Wenn Sie Mühe mit Ihrer Meditation haben, ist dies die Person, die Sie versteht.

Über die Jahre des Übens wird es magere Zeiten geben – Zeiten, in denen nicht viel zu passieren scheint, Zeiten, in denen Sie sich fragen, ob Sie weitermachen sollen, oder Zeiten, in denen Ihre Übungspraxis zum Stillstand kommt. In diesen Zeiten wird ein Mensch, mit dem Sie zusammen üben können, sehr wichtig sein. Wenn Sie mit anderen Menschen zusammensitzen, können Sie sich bewusstmachen, dass Sie die anderen bei der Meditation unterstützen. Sie gehen zur Gruppe, weil Ihnen die Menschen am Herzen liegen und weil Ihre kollektive Energie die Macht hat, jedem von Ihnen heilsame Kraft zu spenden. Das ist noch ein Grund, warum Teil einer Gruppe zu sein so wichtig ist – weil wir Meditation niemals nur für uns selbst tun. Wenn wir meditieren, verbinden wir uns und üben mit der ganzen Menschheit. Unsere Meditationsgruppe ist die konkrete Manifestation dieser Tatsache.

Wenn Sie irgendwo ganz isoliert leben, ist es trotzdem möglich, sich als Teil einer Gemeinschaft zu fühlen. Sie können zum Beispiel mit einem Freund abmachen, zur selben Zeit zu meditieren, auch wenn Sie beide nicht in derselben Stadt leben. Oder Sie legen ein paar Fotos vor sich aus, um sich mit anderen Menschen zu verbinden, die Ihnen wichtig sind oder die Sie inspirieren. Werden Sie sich bewusst, dass Sie nicht allein sind – und dass die Achtsamkeitspraxis Sie mit der ganzen Welt vereint.

Forschen

Jedes Mal, wenn wir uns zum Meditieren hinsetzen, machen wir ein Experiment. Wir schaffen bestimmte äußere Bedingungen, und dann beobachten wir wie Wissenschaftler, was passiert. Das ist einer der Gründe, warum Meditieren so faszinierend ist – wir wissen nie, was auftauchen wird. So führen wir alle im Labor unserer Existenz ein eigenes Forschungsprojekt durch.

Heutzutage gibt es außerdem eine beträchtliche Menge hochqualifizierter wissenschaftlicher Forschungsarbeiten über Achtsamkeit. Es hat sich gezeigt, dass Achtsamkeit chronische Schmerzen lindert, hohen Blutdruck senkt und das Auftreten von Schuppenflechte mindert sowie den Alterungsprozess des Neocortex im Gehirn verlangsamt. Man hat auch herausgefunden, dass Achtsamkeit Stress reduziert, die Wahrscheinlichkeit depressiver Rückfälle sowie Angst und die Neigung zu Wut verringert. Achtsamkeitsübungen verbessern sogar unser Immunsystem.[1] Für viele Menschen sind diese Erkenntnisse beruhigend; sie können sogar der Grund für ihre Entscheidung sein, an einem Mindfulness-Kurs teilzunehmen. Wenn die Begeisterung dann nachlässt, kann ein Blick auf die Forschung vielleicht helfen, unsere Übungen wieder anzukurbeln. Wichtig bei vielen der Studien – besonders bei denen, die sich mit der Arbeitsweise des Gehirns befassen – ist, dass wir nicht wirklich wissen, was vor sich geht, wenn wir Übungen machen. Wir können nicht tatsächlich spüren, dass die linke vordere Gehirnrinde aktiver wird oder dass die Amygdala schrumpft[2], aber wir bemerken vielleicht nach einiger Zeit, dass wir uns von Dingen, die uns früher aufgeregt haben, weniger aus der Ruhe bringen lassen. Die Forschung hat festgestellt, dass Meditation einen deutlichen Effekt auf die Form und Funktion des Gehirns hat, und das ist ganz und gar erstaunlich. Wie können wir, mit diesen Beweisen, *nicht* üben wollen? Wie der Dichter Rumi, ein Sufi-Mystiker aus dem dreizehnten Jahrhundert, schreibt:

Eine kleine Weile allein in deinem Zimmer
Wird sich als wertvoller als alles andere herausstellen
Das dir jemals geschenkt werden könnte.[3]

Einen Ort schaffen

Es stimmt, dass Meditation überall möglich ist – im Bus oder im Flugzeug, in der Badewanne oder während des Essens. Dennoch ist es hilfreich, um Ihre formale Praxis zu unterstützen, einen speziellen, von Ihnen eigens hergerichteten Ort zu haben. Wenn Sie dorthin gehen, ist er da und wartet schon auf Sie mit allem, was Sie brauchen (Stuhl, Bank oder Kissen), um zu meditieren. Es muss kein ganzes Zimmer sein – eine Ecke im Schlafzimmer genügt auch. Wichtig ist, dass dieser Platz Ihnen immer zur Verfügung steht. Jedes Mal, wenn Sie sich hier hinsetzen, um zu meditieren, wird es ein wenig einfacher. Die Umgebung unterstützt Sie – fast, als ob der Ort die Energie Ihrer Übungen speichert.

Sich einen Platz zu schaffen, ist wie eine Verpflichtung zu einer regelmäßigen Achtsamkeitspraxis. Es ist eine Absichtserklärung, und zwar eine, die Sie tatsächlich jeden Tag vor Augen haben. Überlegen Sie, was Sie gerne an diesem Ort hätten – vielleicht ein Foto oder eine Blume oder einen Stein. Machen Sie ihn zu einem Ort, der einfach, angenehm und einladend ist.

Praktizieren in Häppchen

Oft liegt das größte Hindernis für die Übungen in uns selbst – in unserer Haltung gegenüber dem, was «lang genug» ist: *Wenn ich keine vollen vierzig Minuten üben kann, hat es keinen Sinn.*

Es hilft enorm zu erleben, dass sich selbst eine kurze Übung lohnt. Wenn wir zum Beispiel der Drei-Minuten-Atemübung unsere volle Aufmerksamkeit widmen, beweisen wir unserem inneren Kritiker, dass wir tatsächlich Übungen machen *können*. Wie Sam, der dies seit vielen Jahren tut, sagt:

> Ich versuche, das volle Programm zu machen, aber an den wirklich hektischen Tagen ist es einfach nicht möglich. An diesen Tagen setze ich mich hin und folge dem Atem, selbst wenn es nur für fünf Minuten ist. Der Unterschied zwischen fünf Minuten Übungen und gar keinen Übungen ist gewaltig.

Selbstmitgefühl

Achtsamkeit ist im Grunde ein Akt des Mitgefühls. Mit jedem Üben schenken wir uns und der Welt Freundlichkeit. An Achtsamkeit auf diese Weise heranzugehen (statt als etwas, das ich tun «sollte»), verwandelt die Übungen von einer Last zu einer Freude. Der Schlüssel dabei ist die Erkenntnis, dass wir uns um uns selbst kümmern müssen, wenn wir fähig sein wollen, anderen wirklich zu helfen. Auf diese Weise wird unsere Praxis so essenziell wie Essen, Waschen oder genügend Schlaf.

Auf ein Retreat gehen

Eines der großartigen Dinge bei Mindfulness-Kursen ist, dass am Ende viele Teilnehmer genügend Kenntnisse und auch das Selbstvertrauen haben, um auf ein Retreat zu gehen. Zu einem Retreat gehört, dass man sich einer Gruppe in einem Praxiszentrum anschließt und ein paar Tage oder eine Woche lang jeden Tag einem Meditationsplan folgt. Normalerweise gibt es einen Lehrer, der das Retreat leitet, der Vorträge hält und Fragen beantwortet. Retreats können eine Herausforderung sein, weil sie Geist und den Körper eine Menge abverlangen, aber sie bringen auch unglaublich viel neuen Schwung ins Leben. Einfach ausgedrückt: Die Sicht, die Sie auf die Welt und Ihr Leben haben, kann sich durch ein einwöchiges Retreat enorm verändern.

Was ist Ihr tiefster Wunsch?

Diese Frage war bereits aufgetaucht, als es darum ging, die Hindernisse beim Üben zu überwinden. Hier ist sie wieder, als eins unserer stärksten Hilfsmittel. Diese Frage ist wie der Polarstern, immer da, um uns den Weg zu weisen. Beachten Sie, dass sich jedes Mal, wenn Sie intensiv dieser Frage nachgehen, die Antwort verändern kann. Es mag Zeiten geben, in denen keine klare Antwort zu existieren scheint – und das ist auch gut. Es gibt keine «richtige» oder «falsche» Antwort. Wir müssen dieser Frage nur gestatten, in uns lebendig zu sein, und ihre Bedeutung für unser Leben erkennen. Sich auf unseren tiefsten Wunsch einzustimmen, ist die beste Unterstützung, die wir auf dem Weg der Achtsamkeitspraxis zur Verfügung haben.

*Das sechste Geheimnis:
Überall den Weg sehen*

19. Wegweiser

Dieser eine kleine Tropfen, der auf dem gewölbten Schilfhalm sitzt, spiegelt die ganze Welt.

Wenn ein Achtsamkeitskurs erst einmal beendet ist und wir über das Werkzeug verfügen, um mit den Übungen weiterzumachen, müssen wir mehr Eigenverantwortung übernehmen. Unausweichlich erscheinen an dieser Stelle Fragen zur Übungspraxis: *Ist das so in Ordnung? Bin ich noch auf dem richtigen Weg? Wie kann ich merken, wenn etwas falsch läuft?* Früher hatten die Menschen, die meditierten, normalerweise einen Lehrer, der sie davor bewahrte, sich in Selbsttäuschungen zu verstricken, aber heute haben viele Achtsamkeitsschüler keine solche Instanz für ihre Praxis. Daher soll dieses Kapitel einige Wegweiser liefern, sodass Sie selber beurteilen können, ob die Richtung immer noch stimmt. Denken Sie daran, dass jede der neun Kategorien hier ein Spektrum an Möglichkeiten darstellt; vermeiden Sie deshalb unbedingt, in Kategorien von Schwarz und Weiß zu denken. Die meiste Zeit sind wir irgendwo in der Mitte, und das Wichtige, das es zu erkennen gilt, ist die Richtung, die wir einschlagen wollen, wenn wir vor diesem Spektrum an Möglichkeiten stehen.

1. Ganzheit und Ernsthaftigkeit *(sich von Zerstreuung und Ambivalenz entfernen)*

Ganzheit entsteht, wenn wir aufmerksam sind. Nur indem wir wahrnehmen, was jetzt passiert, bringen wir unser ganzes Wesen – Körper, Geist, Emotionen, Energie – in die Gegenwart. Wenn wir dagegen über sechs verschiedene Dinge nachdenken, die wir unbedingt erledigen müssen, wird unsere Energie zerstreut und vermindert; dadurch wächst die Wahrscheinlichkeit, dass wir uns gestresst fühlen. Denken Sie an Ihre letzte Mahlzeit: Wie waren das Gefühl und der Geschmack in Ihrem Mund? Denken Sie an eine kleine Reise, die Sie kürzlich unternommen haben. Haben Sie wirklich etwas von der Reise wahrgenommen, etwas Neues bemerkt? Oder waren Ihre Gedanken damit beschäftigt, was Sie bei der Ankunft tun wollten? Diese einfachen, alltäglichen Dinge rufen nach uns, bitten um Aufmerksamkeit. Und aufmerksam zu sein, ist nicht schwer; die Herausforderung besteht nur darin, sich immer wieder daran zu erinnern. Wenn wir uns jedoch bemühen, achtsam zu sein, wenn wir unseren Geist wirklich auf unsere aktuelle Erfahrung richten, werden wir ganz.

Ganzheit in unser Leben zu bringen, bedeutet nicht, dass wir weniger schaffen; tatsächlich macht es uns wahrscheinlich produktiver und wird mit Sicherheit zu einem größeren Gefühl der Zufriedenheit führen. Der Schlüssel liegt hier darin, nur eine Sache zu machen, und dies mit voller Aufmerksamkeit, selbst wenn es so etwas Einfaches ist wie Geschirrspülen.

Wenn Ganzheit mit der Art und Weise zu tun hat, wie wir Aufmerksamkeit schenken, dann hat «Ernsthaftigkeit» mit unserer *Absicht* zu tun. Sie entsteht, indem wir die Absicht erschaffen, uns bei dem, was wir tun, ganz und gar zu engagieren – was immer es auch sein mag. Wenn wir voll und ganz bei der Sache sind, gibt es nichts anderes in unseren Gedanken; es gibt keine innere Stimme, die sagt: «Aber du solltest jetzt wirklich aufhören und etwas anderes machen.»

Ernsthaftigkeit ist für die Achtsamkeitspraxis von großer Bedeutung. Es hat keinen Sinn, den Body-San durchzuführen, wenn man sich die ganze Zeit wünscht, man wäre jetzt mit seinen Freunden irgendwo unterwegs. Ernsthaftigkeit erfordert Gewissenhaftigkeit und die Bereitschaft, andere Bereiche des Lebens beiseitezulassen, damit wir uns nur auf die vorliegende Aktivität konzentrieren können. Wenn wir mit vollem Herzen dabei sind, dann liegt das daran, dass uns wirklich wichtig ist, was wir tun.

Das andere Ende des Spektrums ist Ambivalenz oder Zwiespältigkeit. Der zwiespältige Geist sagt: «Na ja, ich mache mal die Übungen, aber ich weiß noch nicht genau, wie sehr ich mich darauf einlassen will.» Wahrscheinlich fühlen sich viele von uns so, wenn sie sich hinsetzen, um zu meditieren, und häufig führt uns dann die Meditation selbst zu einer eindeutigeren Haltung.

Wenn Sie selbst zwischen vollem Engagement und Ambivalenz hin- und herschwanken, ist das Wichtigste, was Sie tun können, es wahrzunehmen. Registrieren Sie, dass Ihre Einstellung zwiespältig ist. Achten Sie auf alle Gedanken, die damit zusammenhängen. Schauen Sie nach, ob dieses Gefühl, sich nicht sicher zu sein, auch in anderen Bereichen Ihres Lebens auftaucht. Untersuchen Sie die Ambivalenz in Ihrem Leben mit großer Achtsamkeit. Auf diese Weise wird das Hindernis (die Ambivalenz) zum Fokus Ihrer Übungen. Seien Sie voll und ganz dabei, wenn Sie etwas darüber herausfinden wollen!

2. Neugier *(sich von der Angst entfernen)*

Hier ist eine Geschichte darüber, wie sich Neugier und Angst zueinander verhalten können:

> Zu Beginn des zwanzigsten Jahrhunderts lebten in der Wildnis Nordkaliforniens noch amerikanische Ureinwohner. Sie hatten die größte Angst vor dem Zug, der durch ihr Gebiet fuhr. Für sie war er ein wütendes, rülpsendes Monster, das die Menschen im Stück verspeiste. Eines Tages kam das letzte Mitglied eines bestimmten Stammes in eine kleine Stadt. Sein Name war Ishy. Dies verursachte einigen Aufruhr, da Ishy nackt war – also sperrte der Sheriff ihn ein. Davon hörte ein Anthropologe aus San Francisco und entschloss sich, dort hinzufahren und Ishy in Sicherheit zu bringen, da er der Letzte einer untergehenden Lebensweise war. Der Anthropologe nahm Ishy (jetzt angezogen) mit zum Bahnhof, um auf den Zug zurück in die Stadt zu warten. Ishy sah den Zug herannahen und stieg ohne jegliche sichtbare Aufregung ein.

Später, nachdem der Anthropologe Ishy befragt und von der Angst seines Volkes vor Zügen erfahren hatte, fragte er ihn: «Aber wie haben Sie es geschafft, mit mir in diesen Zug einzusteigen, ohne in Panik zu geraten?»
Ishy erwiderte: «In meinem Leben habe ich gelernt, mehr Neugier zu haben als Angst.»

Immer mehr Menschen, die unsere Mindfulness-Kurse besuchen, leiden unter Ängsten und Panikattacken. Wenn wir Angstzustände haben, kann alles als Bedrohung erscheinen. Ein plötzliches Geräusch, ein Fremder, eine neue Situation, ein Abgabetermin, eine Menschenmenge, ein Fahrstuhl, eine Veränderung in unserer Umgebung – wenn das System erst einmal hochgefahren ist, um auf Gefahren zu reagieren, scheint praktisch alles, was uns begegnet, das Potenzial zu haben, uns Schaden zuzufügen. Diese Reaktion ist eine Art «Autopilot» unseres Nervensystems, und sie vermittelt uns die grundlegende Botschaft, dass die Welt nicht sicher ist und wir verletzbar sind.

Durch die Praxis achtsamer Meditation beginnt sich diese «Flucht-oder-Kampf»-Reaktion zu beruhigen. Mit der Zeit wird es möglich, eine Situation wahrzunehmen und nicht mit einem erhöhten Alarmzustand zu reagieren. Die meisten Dinge, die uns Angst machen, sind in der Regel nicht lebensbedrohlich: eine Deadline etwa oder vor Fremden einen Vortrag zu halten – diese Situationen bringen nicht unser Leben in Gefahr. Sobald wir uns dieser Tatsache einmal bewusst geworden sind, lernt unser Nervensystem, dass es nicht auf jede kleine Provokation reagieren muss. Wenn Sie begonnen haben, diesen Effekt zu erkennen – vielleicht, dass Sie nicht zusammenfahren, wenn das Telefon klingelt –, dann ist dies ein gutes Anzeichen dafür, dass Sie mit Ihren Übungen auf dem richtigen Weg sind.

Wie Maria berichtet:

Eines Tages machte ich die Sitzmeditation, als ich einen überwältigenden Krach in der Küche hörte. Ich brauchte nur den Bruchteil einer Sekunde, um zu wissen, was es war: Die Küchendecke, die aufgrund einer Leckage im darüberliegenden Badezimmer feucht war, war schließlich eingebrochen. Das Merkwürdige war: Nachdem ich wusste, was es war, hatte ich den unmittelbaren Impuls, weiterzumachen bis zum Ende der Meditationsübungen. Der Gedanke war: «Ich mache jetzt erst diese Übung zu Ende, und dann beseitige ich den Schaden.» So machte ich es auch. Tatsächlich gab es gegen Ende der Übung Momente, in denen ich nicht einmal mehr an die Decke dachte.

3. Ansehen und zulassen *(sich vom Vermeiden entfernen)*

Die angenehmen Momente unseres Lebens wahrzunehmen, ist meistens kein Problem: Wenn ein guter Freund anruft und vorschlägt, sich zu treffen, freuen wir uns. Doch wenn ein Zahn weh tut, wie lange schieben wir es dann auf, bis wir den Zahnarzt anrufen? Für jeden von uns sind die

Dinge des Lebens, die wir vermeiden wollen, verschieden – vielleicht das Saubermachen zu Hause, das Bezahlen einer Rechnung oder die Beantwortung bestimmter E-Mails. Oder auch ein schwieriger Anruf. Die Einzelheiten mögen verschieden aussehen, der allgemeine Aspekt des Menschseins bleibt der gleiche: Es gibt Dinge in unserem Leben, die wir lieber nicht tun würden.

Vermeiden bezieht sich nicht nur auf die Alltagspflichten, sondern auch auf körperliche oder emotionale Schmerzen. Ein Teil von uns möchte diesen Schmerz lieber nicht spüren. Und so nehmen wir Schmerztabletten oder lenken uns auf irgendeine Weise ab – und obwohl beide Strategien ihren Platz haben, geht doch keine von ihnen auf unser Leiden ein.

Warum sollten wir uns unserem Leiden zuwenden wollen? Weil dies der einzige Weg ist, Wissen zu erlangen und eine Veränderung zu ermöglichen. Wenn ich mich zum Beispiel meinem Kopfschmerz zuwende und ihm meine Aufmerksamkeit schenke, werde ich die Eigenschaften des Schmerzes wahrnehmen. Was spüre ich eigentlich genau? Wo ist die Empfindung am intensivsten, und verläuft sie auch den Nacken hinunter, und was passiert mit ihr, wenn ich meine Position verändere? Diese Aufmerksamkeit vermag mich vielleicht nicht davon abzubringen, eine Schmerztablette zu nehmen, aber sie erlaubt mir eine andere Art, mit den Beschwerden umzugehen, während sie bestehen. Auch wenn ich die Schmerzen nicht kontrollieren kann, ermöglicht sie mir, an meiner Haltung ihnen gegenüber zu arbeiten. Statt einfach mit «Ich will diese

Kopfschmerzen nicht» zu reagieren, kann ich durch meine Bereitschaft, mit ihnen ganz vertraut zu werden, inmitten des Unwohlseins einen friedlichen Ort finden. Und durch dieses Hinwenden beginne ich, die Verspannung loszulassen, die im Körper entsteht, wenn meine Reaktion ist: «Ich will nicht.» Das schafft Selbstvertrauen und das Gefühl, den Schmerzen nicht hilflos ausgesetzt zu sein. Und das bedeutet: Ich spüre vielleicht noch Schmerzen, aber ich habe das mit ihnen verbundene Leiden losgelassen. Das Gleiche gilt auch für seelischen Schmerz wie Kummer oder Trauer. Indem wir uns dem Erleben annähern, lässt sich die Intensität unseres Leidens verringern. Das ist keine leichte Übung, aber sie lohnt sich im höchsten Maße.

Das Zulassen folgt aus der Bereitschaft, sich alles anzusehen, was hochkommt. Wir sagen uns: «So ist es gerade jetzt. Ich bin gestresst, überdreht und erschöpft.» Sie denken vielleicht, Zulassen löst nicht unsere Probleme, aber tatsächlich ist es ein wichtiger Schlüssel. Indem wir die Dinge zulassen können, wie sie sind, befreien wir uns von einem großen Kampf. Dieser Kampf besteht in dem Konflikt zwischen dem, wie die Dinge sind und wie wir sie haben wollen. Er gehört einfach zur menschlichen Natur: Wir fühlen uns alle unzufrieden, wir wollen alle, dass unser Leben auf die eine oder andere Weise besser wird. Zu erkennen, dass wir wahrscheinlich in jeder Situation unzufrieden sind – egal, wie gut es gerade läuft –, ist eine tiefe Erkenntnis. Sie ermöglicht uns, mit dem Experiment anzufangen, die Dinge einfach so zu lassen, wie sie sind.

Zulassen ist keine Resignation. Es geht nicht darum aufzugeben. Tatsächlich ist das Betrachten der Welt, so wie sie ist, mit ihrer Schönheit und ihren dunklen Seiten, ein wesentlicher erster Schritt, wenn wir uns wirklich dafür einsetzen wollen, die Welt zu einem sichereren und friedlicheren Ort zu machen.

4. Erfahrungen machen *(sich von der persönlichen «Geschichte» verabschieden)*

Achtsamkeit ist eine Erfahrung. Es ist die Erfahrung dieses Augenblicks. Dieser Moment ist immer hier, in uns und um uns herum. Daher geht es bei Achtsamkeit darum, dass wir hier sind, lebendig sind und atmen und Erfahrungen machen, in diesem Augenblick. Es gibt keinen anderen Moment, den wir direkt erfahren können. Hier ist er, genau jetzt. Verpassen Sie ihn nicht!

Doch genau das tun wir. Die meiste Zeit verpassen wir ihn. Wir verpassen ihn wegen der Geschichte, die wir uns davon gemacht haben, wer wir sind und wonach wir streben. Die Geschichte, wie in Kapitel 12 erwähnt, ist die Geschichte meines Ichs. In dieser Geschichte bin «Ich» die Hauptfigur: «Ich» bin das Zentrum des Universums. In der Geschichte habe «Ich» einen Anfang und eine lineare Entwicklung auf der Reise durch das Leben. «Ich» habe Vorlieben und Abneigungen. «Ich» habe Wünsche und Ängste. «Ich» will Dinge, von denen ich glaube, dass ich sie haben müsste, um glücklich zu sein. «Ich» habe eine Geschichte: vielleicht Traumata und Ereignisse, die mich zu dem zu machen scheinen, der ich bin. «Ich» habe eine Vorstellung davon, was ich tun kann und was nicht. Das bin «Ich». Und «Ich» ist eine feste Größe, mit einem stabilen Kern, von allen anderen getrennt und anders als sie.

Das Gefühl des «Selbst» in Verbindung mit einer Geschichte ist sowohl überzeugend als auch tröstend. Wir reisen mit unseren Gedanken auf unserer Lebenslinie hin und her: zurück in die Erinnerungen, als wir jung waren ... nach vorne zu den Hoffnungen und Ängsten, die wir über die Zukunft hegen. Auf dieser historischen Ebene verbringen wir fast keine Zeit im gegenwärtigen Moment. Es ist fast, als ob dieser Moment, mit dem, was sich darin auch immer entfalten mag, nicht interessant genug ist, um in der Geschichte meines Ichs zu erscheinen, bis er Vergangenheit geworden ist.

Durch die Achtsamkeitspraxis vermögen wir aus unserer persönlichen Geschichte herauszutreten und in die Erfahrung zu kommen. Hier löst sich die historische Perspektive auf. Wir sind einfach hier, nehmen wahr, offen und neugierig. Wir sind an keine Vorstellung von dem gebunden, wer wir sind oder was wir glauben, wozu wir fähig sind. Alles könnte geschehen. Dieses Bewusstsein des Erlebens entfaltet sich ständig, genau jetzt. Es entfaltet sich ohne Sprache, ohne die Notwendigkeit einer fortlaufenden Geschichte. Es braucht keine Bewertung oder Analyse: Stattdessen lebt es von der Neugier. Die Erfahrungen wechseln ständig. Wir wissen nie, was als Nächstes passieren wird.

Doch es gibt ein Problem: Normalerweise fühlen wir uns mit Unsicherheit nicht wohl. Einer der Gründe, weshalb wir lieber an der «Geschichte meines Ichs» festhalten, ist, dass sie mehr Sicherheit zu bieten scheint. Interessanterweise entschließen sich die Menschen häufig in dem Moment, in dem diese Festigkeit ins Wanken gerät, mit der Achtsamkeitspraxis zu beginnen. Viele melden sich bei einem Mindfulness-Kurs an, nachdem sie arbeitslos geworden sind oder ihre Ehe gescheitert ist, sie einen nahestehenden Menschen verloren haben oder bei ihnen eine schwere Krankheit festgestellt wurde. Alle diese Ereignisse ziehen das Gleiche nach sich: Wir werden mit der Unsicherheit konfrontiert. Wir haben keine Kontrolle mehr. Wir wissen nicht, wie die Dinge sich entwickeln werden, und wir wissen nicht, wie wir dann damit fertigwerden.

Achtsamkeit ist in unsicheren Zeiten unglaublich hilfreich. Das Grundlegendste, was wir durch die Beobachtung eines jeden Moments verstehen, ist, *dass sich alles verändert.* Achtsamkeit wird diese vor sich gehenden Veränderungen nicht aufhalten, aber dadurch, dass wir lernen, uns im Erfahrungsraum heimisch zu fühlen, bietet sie uns die beste Strategie, um uns bei der Bewältigung der Veränderungen zu helfen.

5. Durchhaltevermögen *(sich vom Gefühl des Überwältigtseins entfernen)*

Wenn wir beharrlich unsere Übungen machen, werden wir irgendwann erkennen, dass wir belastbarer geworden sind. Statt uns vorzustellen, jede neue oder schwierige Situation würde in einer Katastrophe münden, ist etwas in uns bereit, das Problem mit größerer mentaler Flexibilität anzugehen. Das bedeutet nicht, dass wir jeden Schmerz oder jede Sorge mit offenen Armen empfangen, es bedeutet aber, dass wir uns unserem Leben stellen, egal, wie es ist. Unsere gut durchdachten Pläne mögen kläglich scheitern – wir können trotzdem durch das Gegenwärtigsein ein Gefühl inneren Gleichgewichts behalten. Wir erarbeiten uns eine Strategie und stehen das durch. Danach, wenn das Adrenalin wieder absinkt, lassen wir los und beginnen von neuem. Mit anderen Worten: Wir stecken nicht fest. Durch diese kognitive Fähigkeit werden wir belastbarer. Mitten in einer Krise wird man keine Zeit haben wahrzunehmen, dass man belastbarer geworden ist, aber es vielleicht danach bemerken, wenn man mit größerer Leichtigkeit aus ihr hervorgegangen ist. Dieses erhöhte Durchhaltevermögen ist ein weiterer klarer Hinweis auf dem Pfad der Achtsamkeit.

6. Dankbarkeit *(sich vom Beklagen verabschieden)*

Haben Sie jemals in einem Gespräch mit jemandem bemerkt, dass alles, was die andere Person sagt, Klagen sind? Wir alle haben diese Tendenz bis zu einem gewissen Grad, aber für manche Leute ist dies der Filter, durch den sie jede Situation wahrnehmen. Das Wetter, die Regierung, die Medien, die Jugend von heute, der Verkehr, die Schlaglöcher, Wartezeiten, Hochwasserschutz, Kostenplanung usw. Sich zu beklagen, ist Teil unserer Gewohnheitsenergie. Sich zu beklagen, ist eine Form der Beurteilung. Damit übernehmen wir keine Verantwortung und beschuldigen andere. Aber, und das ist vielleicht am wichtigsten, es ist eine Art, nicht genau hinzuschauen und sich zu weigern, die Schwierigkeiten, die jede Situation mit verursacht haben, zu verstehen. Es ist einfacher und befriedigender, ein Lamento anzustimmen, eine Schwarz-Weiß-Sicht der Dinge zu übernehmen und sich zu beklagen.

Hier ist eine Warnung: Achtsamkeit wird, wenn Sie sie beharrlich praktizieren, Ihre Neigung zum Jammern unterlaufen. Und in den Augenblicken, wo Sie früher aufgestöhnt hätten, wird etwas anderes entstehen. Dieses andere ist Dankbarkeit. Dankbarkeit ist ein bisschen wie Löwenzahn: Zuerst steht da nur einer, aber bevor Sie sich versehen, finden Sie eine Vielzahl leuchtend gelber Blüten, jede von ihnen ein Aspekt Ihres Lebens, für den Sie Dankbarkeit empfinden. Einfache Dinge wie Ihre Hände, die Ihnen ermöglichen, sich anzuziehen und das Telefon zu benutzen. Schöne Dinge wie die Blüten an einem Baum. Riesige Dinge wie die Erde, die unser Leben erhält. Spontane Dinge wie das Lächeln eines Kindes. Dinge, über die Sie sich vorher beklagt haben, wie den Regen, den Sie jetzt zu schätzen wissen, weil er alles wachsen lässt. Die Liste ist endlos. Die Fähigkeit, Ihr Leben wertzuschätzen, selbst die schwierigen und schmerzhaften Anteile, ist ein sicheres Zeichen dafür, dass Ihre Achtsamkeitsübungen Früchte tragen.

7. Güte *(sich vom Beurteilen entfernen)* und Großzügigkeit

Unser ganzes Leben hindurch fühlen wir uns ständig beurteilt. In der Schule werden wir danach beurteilt, wie gut wir Prüfungen bestehen. Im Job werden wir nach unserem Gehalt beurteilt. Als Eltern werden wir nach dem Verhalten unserer Kinder beurteilt. Wir beurteilen uns permanent selbst: danach, ob wir Erfolg haben oder scheitern. Für viele waren die Eltern die härtesten Richter von allen. Und obwohl dieses Urteilen vielleicht in guter Absicht geschah, ist das Ergebnis, dass wir uns niemals gut genug fühlen.

Das Beurteilen hängt mit dem Beklagen zusammen: Wir sehen auf das, was nicht in Ordnung ist. Wenn es um uns selbst geht, sind wir Experten in allem, woran es uns mangelt: Wir sehen nicht attraktiv genug aus, wir sind nicht jung genug, wir arbeiten nicht hart genug und so weiter. Wenn wir tiefer blicken, stellen wir fest, dass unser Urteil über uns selbst und andere aus der Lieblosigkeit kommt. Und das Ergebnis ist Leiden.

Unsere Gewohnheitsenergie des Beurteilens sitzt so tief, dass der Versuch, Güte zu zeigen, besonders uns selbst gegenüber, sich merkwürdig anfühlen kann – oder sogar inakzeptabel ist. Wenn wir in der Gruppe die Liebende-Güte-Meditation praktizieren, berichten die Teilnehmer oft, dass sie sich nicht wirklich selbst wünschen können, dass es ihnen gutgeht. Ist es nicht zu selbstbezogen, nett zu sich selbst zu sein? Die Wahrheit ist: Wir mögen uns nicht. Wir glauben dem Urteil, dass wir nicht gut genug sind, und daraus folgt natürlich, dass wir die Güte nicht verdienen.

Das Problem hier geht auf das «Selbst» zurück. Wer ist dieses Selbst, dem ich liebende Güte entgegenbringen will? Wenn man diese Frage lang genug stellt, sieht man, dass es im Grunde keine Antwort gibt. Wir wissen nicht, wer wir sind. Wir mögen vielleicht eine Vorstellung von unserer Persönlichkeit haben, von unseren Ängsten oder unserer äußeren Erscheinung, aber auf einer tieferen Ebene ist dieses «Selbst», das ich bin, ein vollkommenes Rätsel.

Dieses Rätsel zu akzeptieren, ist der Schlüssel, wenn es darum geht, fähig zu sein, Güte und Mitgefühl zu erweisen, sowohl uns selbst als auch anderen gegenüber. Solange wir auf der oberflächlichen Ebene der Beurteilung bleiben *(mein Aussehen gefällt mir nicht)*, wird liebende Güte nicht möglich sein. Wir müssen tiefer schauen, um diese außergewöhnliche Tatsache unseres Menschseins zu akzeptieren – die Tatsache, dass wir durch die Evolution entstanden sind, dass wir hier in einer erstaunlichen Welt leben. Unser Dasein, und im Grunde unser aller Dasein, ist fragil, vorübergehend und ein Wunder. Das zu begreifen, macht es möglich, unser Herz zu öffnen, wie es die folgenden Ausführungen erläutern:

Ein Lehrer erklärte seinen Schülern:
Als es zu meiner Empfängnis kam, hatte meine Mutter viele Eier in sich und ihr Mann Tausende von Spermien. Aus all diesen möglichen Kombinationen überlebten nur ein Ei und ein Spermium, verbanden sich und wuchsen. Was ist

> mit all den anderen, die niemals geboren wurden, die nie eine Chance hatten zu leben und zu wachsen? Was wird aus ihnen?
>
> Seht euch den Kirschbaum draußen an. Er hat Hunderte von Blüten, und Dutzende von Früchten werden dort wachsen und herunterfallen, und vielleicht wird nur ein Kirschkern auf eine Stelle fallen, wo er zu einem Baum wachsen kann. Was ist mit all den anderen, die nicht am Leben bleiben, die nicht die Möglichkeit haben, zu leben und zu wachsen? Was wird aus ihnen?
>
> Wenn ich dies sehe, wird mir klar, dass all diese ungeborenen Wesen nicht lebten, damit ich leben konnte. Sie sind nicht gewachsen, damit ich wachsen konnte. Ich bin am Leben, und ich lebe hier und jetzt durch ihre Güte.
>
> Wie sollte ich mein Leben leben, um sie zu ehren?

Wie leben wir mit dem Bewusstsein für dieses besondere Geschenk unserer Existenz? Jeder von uns wird darauf eine andere Antwort haben, aber eine gemeinsame Antwort ist der Wunsch, anderen zu helfen und ihnen Gutes zukommen zu lassen. Dieser Impuls zur Großzügigkeit ist Teil dessen, was unser Menschsein ausmacht, und seine Auswirkungen gehen sehr tief. In einer Studie in den USA wurden einer Gruppe zwanzig Dollar geschenkt, um auszugehen und sich selbst etwas zu gönnen, während die Vergleichsgruppe angewiesen wurde, das Geld zu verwenden, um damit jemand anderem zu helfen. Danach füllten beide Gruppen einen Fragebogen aus, um festzustellen, wie glücklich sie sich fühlten. Die Gruppe, die das Geld für andere ausgegeben hatte, war deutlich glücklicher. Das bedeutet, dass wir, obwohl wir einen großen Teil unserer Zeit mit Kaufen und Konsum verbringen, damit wir uns besser fühlen, dadurch am Ende nicht glücklicher werden. Tatsächlich fühlen wir uns besser, wenn wir an andere denken. Es ist wichtig, nicht aus dem Grund großzügig zu sein, weil wir wahrscheinlich etwas dafür zurückbekommen werden, sondern weil wir wirklich anderen helfen wollen – sodass Großzügigkeit eine andere Form liebevoller Güte ist. Je achtsamer wir sind, je mehr wir uns mit der Welt und allen anderen darin verbunden fühlen, desto mehr wird Großzügigkeit zu einer ganz natürlichen Reaktion.

8. Geduld und Hingabe *(sich von schnellen Lösungen verabschieden)*

Wenn wir ein neues Projekt starten, wollen wir so schnell wie möglich ein Ergebnis sehen. Denn dieses Ergebnis wird zeigen, dass unser Einsatz sich lohnt. Was wiederum bedeutet, dass wir wahrscheinlich weitermachen. Heutzutage gibt es viele Selbsthilfe-Techniken, die alle sofortige Resultate versprechen.

Achtsamkeit kann ebenfalls schnelle Ergebnisse aufweisen. Häufig wird berichtet, dass der Schlaf sich nach nur einer Woche Arbeit mit dem Body-Scan verbessert hat. Die Aufmerksamkeit dem Zähneputzen oder dem Duschen zuzuwenden kann, so simpel es auch klingt, für das Ankommen im gegenwärtigen Moment eine Offenbarung sein.

Aber es gibt noch eine andere, subtilere Seite der Achtsamkeit, eine Seite, die immense Geduld erfordert: Das ist die Arbeit mit den Gedanken.

Wenn man die Aufmerksamkeit trainiert, bemerkt man zunächst einmal, wie widerspenstig die Gedanken sein können. Ganz gleich, wie echt und ernsthaft unsere Absicht ist, konzentriert zu bleiben, schweifen die Gedanken ab, immer und immer wieder. Wenn wir uns vorstellen würden, dass wir es schaffen sollten, dies nach ein oder zwei Wochen im Griff zu haben, würden wir, ehrlich gesagt, aufgeben. Es ist ganz wichtig, sich klarzumachen, dass Achtsamkeit die Arbeit eines ganzen Lebens ist. Die Gedanken werden immer umherschweifen, und wir müssen unglaublich geduldig sein, wie ein Großvater oder eine Großmutter mit aller Zeit der Welt; sie liebevoll zurückbitten, immer und immer wieder. Das ist die Übung. Wir werden sie niemals beherrschen. Und genau das ist es, was sie so faszinierend macht.

9. Anfänger sein *(die Vorstellung loslassen, dass wir Bescheid wüssten)*

Dieses Prinzip umfasst alle vorherigen Kategorien. Wenn Sie Achtsamkeit praktizieren und jemals glauben, Sie würden sie vollkommen verstehen oder die Übung beherrschen, dann können Sie einigermaßen sicher sein, dass Sie einem Irrtum erlegen sind.

Sie können eine echte Orange an der Farbe und der

Oberfläche der Schale erkennen, am Fruchtfleisch und am Saft im Innern und am Geschmack. Auf ähnliche Weise lässt sich ein richtiger Achtsamkeitsschüler durch ein einfaches Merkmal identifizieren: den Anfänger-Geist.

Anfänger-Geist bedeutet, dass *wir wissen, dass wir nicht wissen*. Er bedeutet, dass wir offen und neugierig sind und bereit zu lernen. Er bedeutet, dass wir eingestehen, dass wir nicht wissen, was jedes Mal passieren wird, wenn wir uns zum Meditieren hinsetzen. Er bedeutet, dass wir anerkennen, wie subtil und geheimnisvoll die Übungen sind. Hier ist ein bekannter Ausspruch von Shunryu Suzuki, einem japanischen Zen-Meister, der in den sechziger Jahren nach Kalifornien gegangen war, um dort zu lehren: «Im Anfänger-Geist gibt es viele Möglichkeiten. Im Geist des Experten nur wenige.»[1] Der Experte ist verschlossen, der Anfänger ist offen. Um Achtsamkeit zu praktizieren, müssen wir wirklich offen sein: offen gegenüber Erfahrungen, offen gegenüber Unbekanntem, offen gegenüber unserer eigenen Begrenztheit und unserer Verletzlichkeit.

Den Weg gehen

Im Allgemeinen entwickeln sich die Eigenschaften, die in diesem Kapitel erwähnt wurden – Ganzheit, Ernsthaftigkeit, Neugier, Zulassen, Erfahrungen machen, Durchhaltevermögen, Dankbarkeit, Güte, Großzügigkeit, Geduld und Anfänger-Geist –, ganz natürlich, wenn wir auf dem Pfad der achtsameren Lebens gehen. Wir müssen keine besondere Anstrengung unternehmen: Wenn wir nur unser Bestes geben, um gegenwärtig zu sein, und unser Leben und die Menschen um uns herum wertschätzen, werden wir unausweichlich leise Veränderungen in unserem Handeln bemerken und darin, wie wir die Welt sehen.

Eine Kritik am modernen Achtsamkeitstraining lautet, es beinhalte keine ethische Dimension. Niemand sagt uns, dass wir nicht stehlen, nicht anderen Schaden zufügen, nicht unfreundlich reden sollen und so weiter. Doch hier ist ein weiteres Geheimnis: Durch die Übungen zur Aufmerksamkeit treffen wir die ethisch richtige Wahl ganz von selbst. Zu lernen, wie man gut lebt, wie man sich selbst und anderen weniger Leiden zufügt, ist bereits Teil der Achtsamkeitspraxis. Die Wegweiser, die in diesem Kapitel genannt wurden, zeugen von dieser Realität. Niemand sagt uns, dass wir gütiger oder belastbarer sein sollten. Irgendwie passiert es einfach.

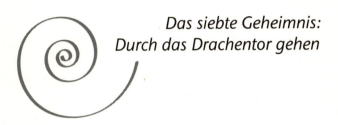

*Das siebte Geheimnis:
Durch das Drachentor gehen*

20. Das Drachentor

Im Wald dröhnen stürmische Winde. Schließ die Augen und lausche – es klingt wie das donnernde Meer. Doch anders als dort gibt es kurze Augenblicke von Windstille, wenn die hohen Bäume nicht mehr umhergepeitscht werden, wenn Stille herrscht. Und dann steigt sie wieder an, wie eine Wehe, heftig und nicht aufzuhalten, diese Bewegung der wilden Geburt des Frühlings.

Eines Tages lehrte Dogen, ein japanischer Zen-Meister aus dem dreizehnten Jahrhundert, seine Schüler:

Inmitten des Meeres gibt es einen Ort, an dem große Wellen aufsteigen, bekannt unter dem Namen Drachentor. Wenn ein Fisch es schafft, diese Stelle zu durchqueren, verwandelt er sich in einen Drachen.
Deshalb wird diese Stelle das Drachentor genannt. Und doch erscheinen mir die Wellen nicht höher als an anderen Stellen, und das Wasser muss genauso salzig sein wie überall sonst. So merkwürdig es auch ist, trotzdem wird jeder Fisch, der dort hindurchschwimmt, ohne Ausnahme zu einem Drachen. Seine Schuppen verändern sich nicht, sein Körper bleibt derselbe; dennoch ist er plötzlich ein Drache.[1]

Irgendwo also, und wir bekommen weder eine Karte noch irgendwelche Wegbeschreibungen, liegt dieses Drachentor. Es ist ein magischer Ort. Wenn ein Fisch es schafft, diese Stelle zu durchqueren, verwandelt er sich in einen Drachen. Das ist eine vollständige Verwandlung. Dogen fügt hinzu, dass die Wellen dort nicht höher sind und das Wasser nicht salziger; mit anderen Worten, dieser Ort ist wie jeder andere im Ozean. Und noch merkwürdiger ist, dass der Fisch, wenn er diese Stelle durchschwimmt, sich in seinem Äußeren nicht verändert und doch ein Drache wird. Wie kann das sein?

Dogen spricht natürlich von uns, von Ihnen und mir, die sich auf diesem Pfad des Übens (oder Nicht-Übens) der Meditation befinden. Jeder von uns ist ein Fisch. Wir schwimmen herum, kämpfen ums Überleben, ohne eine Vorstellung von Drachen zu haben. Und dann passiert etwas. Wir durchqueren dieses torlose Tor. Wir sehen noch genauso aus, aber wir haben uns verändert. Vorher waren wir Fische, mit sehr wenig Bewusstsein, und taten einfach nur unser Bestes, damit wir nicht gefressen wurden und immer genug für den Lebensunterhalt bekamen, um über den Tag zu kommen. Jetzt stellen wir plötzlich fest, dass wir Drachen sind. Wir verfügen über Stärke, Macht, Weisheit. Wir haben Bewusstsein, Durchblick, Mitgefühl. Wir sind nicht mehr durch das Meer eingeschränkt: Wir können Luft atmen und auf der Erde gehen. Wie ist es dazu gekommen?

Die Antwort hat zwei Seiten, oder besser, sie ist wie ein zusammengefaltetes Blatt Papier; wenn wir es auseinanderziehen, sehen wir, dass alles zusammengehört. Der erste Teil der Antwort ist eine Frage. Die Frage, die immer wieder hochsprudelt, in den Gedanken, auf diesen Seiten:

Was ist Ihr tiefster Wunsch?

Das Besondere an dieser Frage ist, dass sie keine sofortige und keine bestimmte Antwort verlangt. Wir müssen nur die Frage in uns lebendig halten, in unserem Herzen, und uns von ihr führen lassen. Diese Frage wird uns von allem Unbedeutenden und Selbstbezogenen wegführen, hin zu uns, zu unserem tieferen Selbst, wo wir innere Weisheit und Mitgefühl finden. Anders gesagt, diese Frage führt uns direkt zum Drachentor.

Der zweite Teil des gefalteten Blattes sind die Übungen. Wenn wir die Frage über unseren tiefsten Wunsch in uns tragen, sodass wir uns ihrer immer bewusst sind, geschieht wahrscheinlich etwas Außergewöhnliches. Dieses außergewöhnliche Ereignis besteht darin, dass wir ganz natürlich, fast mühelos, zu den Übungen hingezogen werden. Und wenn wir sie durchführen, wenn wir diese klare Absicht haben, das Geschenk wahrzunehmen, das uns jeder Moment unseres Lebens bietet, ist plötzlich, direkt hier vor uns, das Drachentor. Wir müssen nicht auf eine spezielle Suche gehen, um es zu finden. Es ist hier, inmitten unseres alltäglichen Lebens. Es ist hier, enthalten in dem Atemzug, den wir nehmen, genau jetzt. Wir merken es nicht, weil wir immer woanders suchen, nach etwas anderem. *Doch hier ist das Geheimnis: Das Drachentor ist nur da, wenn wir präsent sind.* Und wenn wir präsent sind, jedes Mal – haben wir es bereits durchschritten. Auf der anderen Seite des Tores ist alles durch dieses Wunder verändert, obwohl es keine äußere Veränderung gibt. Nun öffnen sich schließlich unsere Augen für die Welt, und wir sind endlich wach.

21. Nach-Geschichte
    (in einer Geschichte)

Die Erlen stehen in Blüte. Die Blätter der Schwertlilien werden von Tag zu Tag deutlich höher. Heute, vor allem anderen, auf der kleinen Terrasse vor der Hütte liegen und nach oben in den blauen Himmel schauen. Ein roter Milan schwingt sich mühelos und frei auf den Luftströmungen empor. An diesem Morgen fühlt sich die Sonne zum ersten Mal seit vielen Monaten warm auf der Haut an.

Vor vielen Jahren hatte mir jemand erzählt, dass es ein Retreat in meinem örtlichen Yogazentrum gäbe, bei dem ein richtiger Zen-Meister anwesend sein sollte. Obwohl ich bereits für mich allein meditierte, hatte ich noch nie einen richtigen Meditationslehrer kennengelernt, und so ging ich hin. Aus irgendeinem Grund war ich die Einzige dort. Es gab ein Programm, deshalb ging ich jeden Tag hin, und der Zen-Meister, der sich Hogen nannte, erschien jeden Tag, und wir verbrachten Stunden mit Meditieren, unterbrochen von Geh-Meditation und Yoga. Er sprach kein Wort Englisch, daher verneigten wir uns nur voreinander.

Im nächsten Jahr gab es wieder ein Meditations-Retreat, und dieses Mal wurde es von vielen Menschen besucht. Ich hatte die Aufgabe, zum Flughafen zu fahren und Hogen abzuholen. Auf dem Weg nach Hause versuchte ich, ihm eine Geschichte zu erzählen, die ich gelesen hatte, um ihm zu erklären, wie ich mich mit meiner Meditationspraxis fühlte. Dies ist die Geschichte:

> Es war einmal eine Gruppe, die zusammen meditierte, und eines Tages kam ein Lehrer, um sie dabei zu unterstützen. «Meditation», sagte er, «ist, als ob man ein Sieb mit Wasser füllen würde.» Nachdem er gegangen war, diskutierten die anderen, was er damit wohl gemeint hätte. Vielleicht wollte er ihnen sagen, sie würden das alles nie verstehen, da es natürlich unmöglich war, ein Sieb mit Wasser zu füllen. Vielleicht machte er sich über sie lustig. Sie vergaßen die Sache mit dem Lehrer wieder, außer einer Schülerin, die tief verunsichert blieb. Sie rätselte immer wieder herum, was er ihnen wohl zu sagen versucht hatte. Also fuhr sie in die Stadt, in der er lebte, und fragte ihn, was er gemeint hatte.
>
> Der Lehrer holte ein Metallsieb und einen Becher aus der Küche und nahm sie mit ans Meer. «Okay», sagte er, «zeig mir, wie du das Sieb mit Wasser füllst.» Also nahm sie den Becher und schöpfte das Wasser so schnell sie konnte in das Sieb. Es war hoffnungslos.
>
> «Gut», sagte der Lehrer. «Jetzt will ich dir zeigen, wie ich es fülle.» Er nahm das Sieb und warf es hinaus ins Meer. Zusammen sahen sie zu, wie es versank. «Jetzt», sagte der Lehrer, «ist das Sieb voller Wasser, und es wird immer voller Wasser sein. Um Meditation zu praktizieren, musst du dein ganzes Sein hineinwerfen, nicht nur hier und da ein Schlückchen nehmen.»[2]

Das ist die Geschichte, die ich zu erzählen versuchte. Hogen, der das ganze Jahr lang Englisch gelernt hatte, verstand das meiste, aber er wusste nicht, was ein Sieb war. Ich nahm ihn mit zu mir nach Hause, holte ein Sieb aus dem Küchenschrank und drehte den Wasserhahn auf. «Hier», sagte ich, «das Wasser läuft einfach durch. Es ist niemals voll. So fühlen sich meine Übungen an, und ich weiß nicht, wie ich sie ins Meer werfen kann.»

Hogen nickte, um zu zeigen, dass er verstanden hatte, was ich sagen wollte, und legte mir dann die Hände auf die Schultern.

«Sieh nur hier», sagte er. «Wir *sind schon* in diesem Meer.»

Das ist alles, wirklich. Wenn Sie dieses Buch in den Händen halten, das ist es. Wenn Sie mit diesen Sätzen fertig sind und aufsehen auf die Welt um sich herum, wie immer sie ist, das ist es. Das ist der Augenblick. Das ist Ihr Augenblick, der, den Sie bekommen haben, um ihn wertzuschätzen und zu erfahren. Ihr Leben, Ihr tiefster Wunsch, Ihr innerer Pfad, enthüllen sich alle selbst, hier ... – jetzt. Atmen Sie hinein, berühren Sie ihn mit den Fingerspitzen. Erfahren Sie ihn mit Ihrem ganzen Sein. Sie sind bereits im Meer, und das Drachentor ist genau hier, direkt für Sie. Dies ist der Augenblick, der einzige Augenblick, den Sie haben, um hindurchzugehen.

Die Türen der Hütte sind geöffnet, endlich. Die Trennung zwischen innen und außen ist aufgehoben. Primeln blühen, die Art der Erde zu lächeln. Vogelgesang füllt die warme, flatternde Luft. Ein Rotkehlchen hüpft auf seinen unfassbar dünnen Beinchen über die kleine Terrasse, lugt herein, als wollte es sagen: «Wann fütterst du mich? Wann fütterst du mich?»

Es kann nur eine Antwort geben: genau jetzt, genau jetzt.

Anmerkungen

Einführung

1 Zitiert nach dem Video «Healing from within»
2 Weitere Informationen hierzu in: In den Worten des Buddha. Eine Anthologie von Lehrreden aus dem Pali-Kanon. Beyerlein & Steinschulte, Stammbach, 2008
3 Aus: Discourses of Rumi, ins Englische übersetzt von A. J. Aberry. Curzon Press, 1993, S. 19

Das erste Geheimnis:
Das innere Feuer entfachen

1 Aus: Parami, Ways to Cross Life's Floods von Ajahn Sucitto. Amaravati Publications, 2012, S. 159
2 Die Pfeil-Analogie stammt von Sallatha Sutta: The Arrow, übersetzt aus dem Pali von Thanissaro Bhikkhu, 1997. Der ganze Text ist unter www.accesstoinsight.org und der Suche nach «Sallatha Sutta» zu finden.

Das zweite Geheimnis:
Die Hindernisse abstecken

1 Rumi, ‹Who Makes These Changes?›, in: The Essential Rumi, übersetzt ins Englische von Coleman Barks und John Moyne. Castle Books, New Jersey, 1997, S. 110

2 Entnommen den DSM-IV-Kriterien zur Diagnose von Depressionen, einem Klassifikationssystem der American Psychological Association zur Diagnose psychischer Störungen, zu finden unter www.gpnotebook.co.uk

3 Nur Weiß-Nicht. Gesammelte Lehrbriefe von Zen-Meister Seung Sahn, Gießen 2010, Johannes Herrmann Verlag

4 Aus: Religiousness in Yoga von D.V.K. Desikachar, University Press of America, 1980

Das vierte Geheimnis:
Das Verstehen der Übungspraxis

1 Thich Nhat Hanh: Ärger. Befreiung aus dem Teufelskreis negativer Emotionen. München 2002, Goldmann Verlag

2 «Mindfulness Based Stress Reduction (MBSR) useful in reducing chronic pain» von Jon-Kabat-Zinn, in: General Hospital Psychiatry, 1982, 4. April (1), S. 33–47

«MBSR reduces Blood Pressure» von Joel W. Hughes et al., in: Journal of Behavioural Medicine, October 2013, 75 (8), S. 721–8

«MBSR improves psoriasis» von Jon Kabat-Zinn et al., in: Psychosomatic Medicine, September–October 1998, 60 (5), S. 625–32

«Meditation reduces thinning of cortex» von Sara W. Lazar et al., in: Neuroreport, 28. November 2005, 16 (17), S. 1893–7

«Mindfulness Based Cognitive Therapy (MBCT) reduces relapse of depression» von John D. Teasdale et al., in: Journal of Consulting and Clinical Psychology, 2000, 68 (4), S. 615–23

«MBCT helps with Generalised Anxiety Disorder» von Susan Evans et al., in: Journal of Anxiety Disorders, Mai 2008, 22 (4), S. 716–21

«Mindfulness reduces aggressive behaviour» von Whitney I. Heppner et al., in: Aggressive Behaviour, 2008, 34 (5), S. 486–96

«Mindfulness improves the immune system» von R.J. Davidson et al., in: Psychosomatic Medicine, Juli–August 2003, 65 (4), S. 564–70

Das fünfte Geheimnis:
Verstehen, wie lebensnotwendig Unterstützung ist

1 «Mindfulness reduces amygdala size» von Adrienne A. Taren et al., in: PLoS One, 22. Mai 2013, 10.1371/journal.pone.0064574
2 Aus: The Essential Rumi, übersetzt von Coleman Barks, Penguin, 1995, S. 260
3 Chödrön, Pema: Beginne, wo du bist – Eine Anleitung zum mitfühlenden Leben, Bielefeld 2003, J. Kamphausen

Das sechste Geheimnis:
Überall den Weg sehen

1 Suzuki, Shunryu: Zen-Geist, Anfänger-Geist, Bielefeld 2016, Theseus

Das siebte Geheimnis:
Durch das Drachentor gehen

1 A Primer of Soto Zen by Dogen Zenji, University of Hawaii Press, S. 39 f.
2 Leggett, Trevor: Encounters in Yoga and Zen, Routledge 2016

Weiterführende Literatur

Boroson, Martin: One-Moment-Meditation. Stille in einer hektischen Welt, Reinbek 2015, Rowohlt

Hirschi, Gertrud: Mudras: FingerYoga für Gesundheit, Vitalität und innere Ruhe, München 2003, Goldmann

Kabat-Zinn, Jon: Gesund durch Meditation, München 2013, Knaur

Penman, Danny/Burch, Vidyamala: Schmerzfrei durch Achtsamkeit – Die effektive Methode zur Befreiung von Krankheit und Stress, Reinbek 2015, Rowohlt

Sedlmeier, Peter: Die Kraft der Meditation – Was die Wissenschaft darüber weiß, Reinbek 2016, Rowohlt

Suzuki, Shunryu: Zen-Geist, Anfänger-Geist, Bielefeld 2016, Theseus

Thich Nhat Hanh: Ärger, München 2007, Goldmann

Thich Nhat Hanh: Das Wunder der Achtsamkeit, Bielefeld 2009, Theseus

Williams, Mark/Penman, Danny: Das Achtsamkeitstraining, München 2016, Goldmann

Dank

Für ihre kluge Unterstützung bei diesem Buch, namaste
  an Brigid Avison,
  Jonas Torrance, Barbara Bender,
  John Torrance, Ursula Harrison,
  Jenny Haxworth, Chris Cullen
  und Susan Lascelles.

Für ihren motivierenden Unterricht, namaste
  an Hogen Daido Yamahata,
  Thich Nhat Hanh, Mark Williams,
  Ferris Urbanoski, Jon Kabat-Zinn
  und Brigid Avison.

Besonderen Dank an alle jene Achtsamkeitsschüler, die uns an ihren Geschichten teilhaben lassen – sie sind die wahren Lehrer.

Das für dieses Buch verwendete Papier ist FSC®-zertifiziert.